DIÁRIOS DE AULA

Z12d Zabalza, Miguel A.
Diários de aula: um instrumento de pesquisa e desenvolvimento profissional / Miguel A. Zabalza; tradução Ernani Rosa. – Porto Alegre: Artmed, 2004.
160 p. ; 23 cm.

ISBN 978-85-363-0365-9

1. Educação – Método de observação pedagógica. I. Título.

CDU 372.012

Catalogação na publicação: Mônica Ballejo Canto – CRB 10/1023

MIGUEL A. ZABALZA
Professor na Universidade de Santiago de Compostela

DIÁRIOS DE AULA

um instrumento de pesquisa e desenvolvimento profissional

Tradução:
Ernani Rosa

Consultoria, supervisão e revisão técnica desta edição:
Maria da Graça Souza Horn
Pedagoga. Doutora em Educação pela Universidade Federal do Rio Grande do Sul.

Reimpressão 2008

2004

Obra originalmente publicada sob o título
Los diarios de clase: un instrumento de investigación y desarollo profesional

ISBN 84-277-1469-6

Capa:
Joaquim da Fonseca

Preparação do original:
Maria Lúcia Barbará

Supervisão editorial
Mônica Ballejo Canto

Projeto gráfico
Editoração eletrônica

artmed®
EDITOGRÁFICA

Reservados todos os direitos de publicação, em língua portuguesa, à
ARTMED® EDITORA S.A.
Av. Jerônimo de Ornelas, 670 - Santana
90040-340 Porto Alegre RS
Fone (51) 3027-7000 Fax (51) 3027-7070

SÃO PAULO
Av. Angélica, 1091 - Higienópolis
01227-100 São Paulo SP
Fone (11) 3665-1100 Fax (11) 3667-1333

SAC 0800 703-3444

IMPRESSO NO BRASIL
PRINTED IN BRAZIL
Impresso sob demanda na Meta Brasil a pedido de Grupo A Educação.

Guia para a Leitura deste Livro

Quando decidimos ler um livro, costumamos considerar positivo que nos façam sugestões sobre como abordá-lo. Mais ainda se nos informam como ir diretamente àqueles assuntos que nos interessam mais, saltando os que, por alguma circunstância, não são tão atrativos para nós. Por isso, gostaria de oferecer aos leitores algumas indicações relativas aos assuntos abordados nos diferentes capítulos.

Se você, leitor ou leitora, está interessado apenas em alguns aspectos específicos do tema dos diários, pode saltar o resto e ir diretamente aos capítulos pertinentes, atendendo à seguinte orientação:

- Deseja saber alguma coisa sobre *o que são os diários* e *que tipo de diários* existem? Vá para os capítulos 1 e 2.
- Deseja saber *para que servem* os diários, *que utilidade* têm? Pode conferir nos capítulos 1 e 2.
- Deseja saber como os diários podem ser utilizados na formação dos professores? Preste atenção ao Capítulo 2.
- Deseja *conhecer alguns diários* de professores e professoras e saber *como foram analisados*? Encontrará sete diários no Capítulo 3 e mais um, analisado em profundidade, no Capítulo 4.
- Quer saber o que são os *dilemas profissionais* e como pode se trabalhar com eles mediante os diários? Pode encontrar uma informação sucinta no Capítulo 1. Pode ampliar os conteúdos (com uma visão mais operativa) nos capítulos 3, 4 e 5 quando os diários são analisados.
- Deseja conhecer a fundamentação científica e metodológica em que se apóia o trabalho com diários? Achará tal informação nos capítulos 2 e 5.
- Deseja saber como escrever um diário e como fazer para analisá-lo? Dê uma olhada no Capítulo 6.

Sumário

Introdução

Comecei a escrever diários justamente ao concluir meu curso universitário. Ainda me faltavam vários exames finais para acabar o curso quando já tinha embarcado numa aventura profissional "pesada": fui viver (ou melhor, trouxe para viver comigo) seis garotos delinqüentes, entre 7 e 14 anos, a quem as instituições fechadas (reformatórios) que os atendiam já haviam dado por irrecuperáveis. Estávamos nos anos 1970 e se tratava de pôr em prática os princípios da "normalização" como direito de todos os indivíduos. Tratava-se de reconstruir com aqueles garotos inadaptados outro mundo de experiências normalizadas e normalizadoras e explorar as possibilidades "educativas" dos "apartamentos" como alternativa às instituições fechadas. Durante o primeiro ano vivi só com eles: eu tinha de lhes preparar a comida, organizar sua vida diária (roupas, colégios, vida no bairro, vida em casa, relações com suas famílias, etc.).

Naquela ocasião, escrever um *diário* foi como travar uma espécie de diálogo comigo mesmo, tratar de racionalizar ao acabar a jornada (pelo menos aquelas em que não chegava à noite totalmente exausto) o que havia acontecido durante o dia. Nesse sentido, o diário era uma forma de descarregar tensões internas acumuladas, de reconstituir mentalmente a atividade de todo o dia, de dar sentido para mim mesmo ao que Maslow (1976) denomina uma "densa experiência".

Agora, após décadas de exercício profissional, continuo escrevendo o diário ("querido diário") como recurso de reflexão e lucidez profissional.

Há uns meses regressei de Manaus (Brasil), onde tive o prazer de ministrar um curso de doutorado em Educação. A temática do curso era "desenvolvimento institucional" das escolas, mas abrangia também uma parte metodológica que abordava os "diários de aula" como técnica de pesquisa. Obviamente um dos compromissos do curso (para mim mesmo como professor e para os alunos) era fazer o diário das diversas jornadas de trabalho do curso. Depois de vários dias de trabalho, uma aluna brasileira, com sua especial sensibilidade para esse tipo de coisas, disse-me que era a primeira vez que me via sorrir e me mostrar relaxado desde que começara o curso. Isso me fez pensar (pois não tinha consciência de que o clima de trabalho fosse tenso ou que houvesse existido algum tipo especial de desencontro, fora as naturais dificuldades derivadas do fato de que falávamos línguas diferentes, português e espanhol, e que devíamos fazer um esforço suplementar para nos entender em uma mistura de ambas, o *portunhol*) e me vali do diário para ver que tipo de sensações havia recolhido durante esses dias. Realmente, no diário pude constatar (à parte do cansaço produzido por uma viagem tão longa e pela necessidade de adaptação a um novo clima, novo horário e estilo de vida diverso) as resistências iniciais com aquele grupo, derivadas de meu interesse por deixar claro que estávamos em um trabalho de alto nível de exigências e ao qual era preciso dedicar um esforço superior ao que, na minha opinião, eles estavam lhe dedicando.

No final do curso, fizemos uma avaliação geral de seu desenvolvimento. Muitas das pessoas falaram de suas vivências durante o curso (não apenas do interesse dos temas tratados ou das atividades desenvolvidas). Eu mesmo pude descrever, também, como fora evoluindo minha percepção geral do grupo e do próprio trabalho que estávamos realizando. Estou convencido de que o fato de escrever um diário havia nos ajudado a todos não só a ter uma perspectiva completa de tudo o que foi realizado e de sua seqüência, como, além disso, a fazer uma "leitura" mais profunda e pessoal dos acontecimentos.

Escrever sobre o que estamos fazendo como profissional (em aula ou em outros contextos) é um procedimento excelente para nos conscientizarmos de nossos padrões de trabalho. É uma forma de "distanciamento" reflexivo que nos permite ver em perspectiva nosso modo particular de atuar. É, além disso, uma forma de aprender ("Writing as a mode of learning" é o título de um artigo de Emig, 1977).

Pelas anotações que vamos recolhendo no diário, acumulamos informação sobre a dupla dimensão da prática profissional: os fatos de que vamos participando e a evolução que tais fatos e nossa atuação sofreram ao longo do tempo. Dessa maneira, revisando o diário podemos obter essa dupla dimensão, sincrônica e diacrônica, de nosso estilo de ensino.

Ambas as qualidades (a consciência da ação e a informação analítica) constituem componentes essenciais da formação permanente. Essa é a idéia que Holly (1989) pretende destacar no título de seu trabalho sobre os diários (*Writing to grow: keeping a personal-professional journal*): os diários se tornam recursos de reflexão sobre a própria prática profissional e, portanto, instrumento de desenvolvimento e melhoria da própria pessoa e da prática profissional que exerce.

Sob essa perspectiva de recurso para a reflexão sobre a própria prática e de mecanismo para o desenvolvimento pessoal e profissional, fomos utilizando com assiduidade os diários tanto no processo de formação como no de pesquisa. Se analisamos a experiência dos últimos anos, podemos assegurar que os diários são um magnífico recurso em, pelo menos, dois âmbitos da formação universitária:

a) Durante o período das práticas de campo ou *Practicum*: o diário serve para os estudantes de práticas se conscientizarem de sua experiência na escola.
   Essa virtualidade dos diários foi especialmente interessante no caso dos alunos de educação especial, que ano após ano fazem seus estágios. Durante um mês vivem intensamente em contato com crianças anormais. Podem experimentar o que sabem pelos livros e pelas explicações de aula em um nível muito mais emocional por meio das próprias vivências sentidas ao conviver com eles, participando na dinâmica do dia-a-dia. Para muitos/as deles/as, a experiência foi tão "pesada" que eles mesmos manifestaram a necessidade de fazer um diário: o congestionamento de sensações, imagens e experiências é tão intenso que temem perdê-lo se não o reconstruírem por escrito. Essa é, em seu sentido mais original, a potencialidade reflexiva e reconstrutiva do diário.
b) Como um recurso formativo no âmbito da formação permanente dos docentes e profissionais da educação.
   Também foi especialmente interessante o uso de diários naqueles processos em que os professores estiveram envolvidos em experiências de inovação. Contar suas experiências foi importante para eles tanto pelo que supunha de oportunidade para descarregar tensões e ansiedades como pelo que proporcionava como "livro de bordo" no que podia se constatar o avanço da experiência e como iam variando nossas reações e formas de atuação diante das diversas circunstâncias ocorridas durante esses dias.

Pois bem, esta é a idéia que pretendo desenvolver neste livro: que possibilidades oferecem os diários e as biografias de *desenvolvimento pessoal e profissional* como instrumentos de *pesquisa-ação*.

Os diários contribuem de uma maneira notável para o estabelecimento dessa espécie de *círculo de melhoria* capaz de nos introduzir em uma dinâmica de revisão e enriquecimento de nossa atividade como professores. Esse círculo começa pelo desenvolvimento da *consciência*, continua pela obtenção de uma *informação analítica* e vai se sucedendo por meio de outra série de fases, a *previsão da necessidade de mudanças, a experimentação das mudanças e a consolidação de um novo estilo pessoal de atuação*. Como poderemos constatar, ao abordar nossa experiência no uso dos diários, esse é o itinerário que muitos professores são capazes de seguir por meio da atividade *narrativa* e *reflexiva* que os diários proporcionam.

Este livro faz parte de um processo de pesquisa-ação desenvolvido com um grupo de professores espanhóis. Com a intenção de adequá-lo às condições editoriais e também para simplificar sua estrutura, eliminamos as referências aos aspectos doutrinais e metodológicos que servem de base ao trabalho com diários. Em seu formato atual, o livro consta de três partes:

1. A primeira parte se refere aos diários como recurso dialético de reflexão pessoal e desenvolvimento profissional. São abordadas as carac-

terísticas dos diários e as condições que devem reunir para se tirar deles o máximo partido na formação.

2. A segunda parte contém textos de vários diários de professores que se analisam seguindo, inicialmente, uma metodologia simples de *análise de conteúdo.*
3. Na terceira parte, se continua a análise dos *dilemas* básicos que aparecem nos diários apresentados. A análise dos dilemas requer uma metodologia idiográfica que trata de identificar os pontos fundamentais de cada dilema e a forma como tal dilema evolui durante o período em que dura o diário.

A obra conclui com algumas reflexões sobre o trabalho com diários e a forma como se pode obter maior rendimento de seu uso, tanto da perspectiva técnica (as condições que garantem um uso adequado dos diários) como da perspectiva pessoal (condições éticas e procedimentais que garantam a intimidade e a *propriedade pessoal* das próprias experiências).

1 Os Diários de Aula: Aspectos Gerais

OS DIÁRIOS: CONCEITO E TIPOS

Mesmo que se possa considerar uma questão simples, não dá para considerar que exista um acordo geral sobre o que é um diário de aula, ou de que estamos falando quando nos referimos aos diários de aula.

Comecemos dizendo que existem diversas denominações para se referir a essa técnica de documentação: diário de aula, histórias de aula, registro de incidentes, observações de aula, etc. Nem todas elas se referem exatamente ao mesmo tipo de processo nem acabam em um documento similar, mas têm muitos pontos em comum e, com freqüência, são utilizadas de forma indiscriminada. E acontece outro tanto no sentido inverso: muitas vezes se emprega o mesmo termo para se referir a processos e atividades diversos.[1]

Digamos, por outro lado, que também não é fácil fazer uma tradução correta do termo quando se pretende transportá-lo para outro idioma. Os condicionantes culturais de cada termo acabam desvirtuando o sentido que se quer dar a ele.

Os *diários de aula*, pelo menos no que se refere ao sentido que recebem neste trabalho, são os *documentos em que professores e professoras anotam suas impressões sobre o que vai acontecendo em suas aulas*.

A definição é voluntariamente aberta para conter os diversos tipos de diários, tanto pelo conteúdo que recolhem as anotações como pela forma como se realiza o processo de coleta, redação e análise da informação.

Algumas observações podem ser esclarecedoras para se entender melhor essa definição:

- Os "diários" não têm por que ser uma atividade *diária*. Cumprem perfeitamente sua função (e sua realização se torna menos trabalhosa em tempo e esforço) mesmo que sua periodicidade seja menor: duas vezes por semana, por exemplo, variando os dias para que a narração seja mais representativa. O importante é manter uma certa linha de continuidade na coleta e na redação das narrações (enfim, que não seja uma atividade intermitente, feita apenas de vez em quando e sem nenhuma sistematicidade).

- Os diários constituem narrações feitas por professores e professoras (tanto efetivos como em formação). Sem dúvida, seriam igualmente interessantes (e abririam novas possibilidades técnicas de contraste entre percepções e análises das situações entre grupos diversos) iniciativas em que os diários fossem desenvolvidos também pelos alunos.
- O conteúdo dos diários pode ser coisa que, na opinião de quem escreve o diário, seja destacável. O conteúdo das narrações pode ficar plenamente aberto (à iniciativa de quem faz o diário) ou vir condicionado por alguma ordem ou planejamento prévios (quando se delimita que tipo de assuntos devem ser recolhidos no diário).
- A demarcação espacial da informação recolhida costuma ser o contexto da aula (por isso se chama "diário de aula"), mas nada impede que outros âmbitos da atividade docente possam ser igualmente refletidos no diário.

Do ponto de vista metodológico, os "diários" fazem parte de enfoques ou linhas de pesquisa baseados em "documentos pessoais" ou "narrações autobiográficas". Essa corrente, de orientação basicamente qualitativa, foi adquirindo um grande relevo na pesquisa educativa dos últimos anos.

Em uma interessante revisão das contribuições feitas a partir desse enfoque metodológico, González Monteagudo (1996) chega a identificar até dez linhas de pesquisas diferentes: os estudos sobre ciclos e fases na carreira docente;[2] os trabalhos de Goodson (1992) sobre a experiência vital dos professores e sua incidência na prática profissional; os estudos sobre autobiografias docentes e suas contribuições para o desenvolvimento profissional;[3] os estudos sobre a relação entre itinerário pessoal (momentos e incidências da vida pelos quais cada pessoa vai passando) e itinerário profissional;[4] os estudos sobre a construção da identidade profissional dos professores;[5] a reconstrução autobiográfica por meio de entrevistas[6] ou das contribuições do supervisor;[7] os estudos etnográficos aplicados às carreiras docentes (Smith et al., 1986); os estudos feministas que tratam de resgatar as vozes do grupo mais forte e numeroso dentro da profissão docente (Grumet, 1990) e, finalmente, os diários.[8]

O interessante desses trabalhos é que, mesmo sem muitas referências na literatura especializada, se trata de um tipo de aproximação à atuação dos professores que goza de grande vitalidade e presença. Certamente sua capacidade de penetração nos campos subjetivos e individuais, a função de *empowerment* metodológico que exerce sobre os professores que participam na pesquisa, sua elasticidade e sua fácil complementação com outras técnicas o transformam em um instrumento útil e eficaz nos processos de formação dos professores.

Diversas Modalidades de Diários

Os diários podem variar tanto pelo conteúdo que recolhem como pela periodicidade com que são escritos e pela função que cumprem.

Holly (1989, p. 61-81) diferencia entre diversos tipos de diários em função da modalidade de narração que se emprega:

- *Jornalística*: de natureza fundamentalmente descritiva e seguindo as características próprias do jornalismo.
- *Analítica*: nesse tipo de diários o observador se fixa nos aspectos específicos e/ou nas diversas dimensões que fazem parte da coisa que se deseja observar.
- *Avaliativa*: é uma forma de abordar os fenômenos descritos dando-lhes um valor ou julgando-os.
- *Etnográfica*: o conteúdo e o sentido do narrado (mesmo permanecendo nos limites das descrições) levam em consideração os contextos físico, social e cultural em que ocorrem os fatos narrados. Os eventos narrados aparecem como parte de um conjunto mais amplo de fenômenos que interagem entre si.
- *Terapêutica*: o conteúdo do diário e o estilo empregado servem para descarregar as tensões de quem escreve, é um processo de catarse pessoal.
- *Reflexiva*: quando a narração responde a um processo de *thinking alaud* tratando de aclarar as próprias idéias sobre os temas tratados.
- *Introspectiva*: quando o conteúdo do diário se volta sobre nós mesmos (nossos pensamentos, sentimentos, vivências, etc.).
- *Criativa e poética*: a narração responde não apenas aos critérios de refletir a realidade (como no modelo jornalístico) como a possibilidade de imaginar ou recriar as situações que se narram.

Como pode se supor, nem todas essas modalidades de diários de aula têm o mesmo sentido na pesquisa nem similar capacidade de impacto no processo de desenvolvimento profissional dos professores. Mas são um bom reflexo da grande versatilidade do instrumento e das variadas formas de apresentação que pode adotar.

De meu ponto de vista, são duas as variáveis básicas de diários que nos interessam destacar:

- a *riqueza informativa* que o diário apresenta.
  Um diário vai ser tanto mais rico quanto mais polivalente for a informação que se oferece nele. Os diários apenas introspectivos perdem sentido ao ficar estabelecido o ponto de referência externo em que os fatos ou as vivências narrados acontecem.

O bom de um diário, o que se torna um importante documento para o desenvolvimento pessoal, é que nele se possa contrastar tanto o objetivo-descritivo como o reflexivo-pessoal.

– a *sistematicidade das observações recolhidas*.

A principal contribuição dos diários em relação a outros instrumentos de observação é que permitem fazer uma leitura diacrônica sobre os acontecimentos. Com isso, torna-se possível analisar a evolução dos fatos.

OS ÂMBITOS DE IMPACTO FORMATIVO DOS DIÁRIOS

Gostaria de destacar aqui algumas das possibilidades do trabalho com diários nas iniciativas de formação contínua (*long-life learning*) dos professores. Como acontece com qualquer instrumento técnico pertencente ao campo da pesquisa educacional, os diários podem ser empregados tanto com uma finalidade mais estritamente investigadora (como recurso destinado a incrementar o conhecimento disponível no campo educacional) como com uma finalidade mais orientada para o desenvolvimento pessoal e profissional dos professores. Com freqüência ambas as missões se combinam e se completam.

Os quatro âmbitos a que pretendo me referir estão na Figura 1.1.

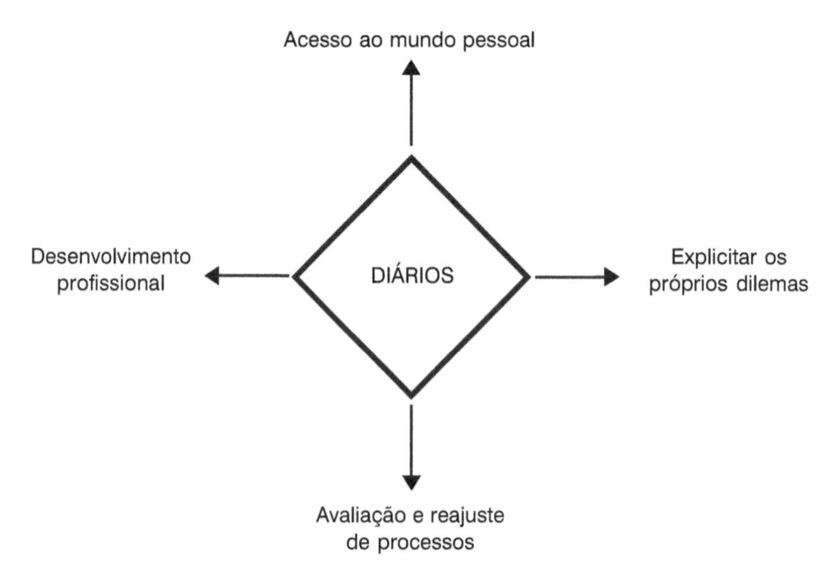

FIGURA 1.1 Âmbitos de impacto formativo dos diários.

O Acesso ao *Mundo Pessoal* dos Professores

Como apontei na introdução, referindo-me à minha própria experiência no Brasil, os diários permitem aos professores revisar elementos de seu mundo pessoal que freqüentemente permanecem ocultos à sua própria percepção enquanto está envolvido nas ações cotidianas de trabalho.

Essa dimensão "pessoal" de nosso trabalho constitui uma área normalmente "nebulosa" para os instrumentos de observação habituais. É difícil chegar a ela. E, se esse acesso vem condicionado pelo próprio instrumento utilizado (por exemplo, quando se empregam questionários), a "versão" oferecida pode ser pouco "habitual". Mas os diários permitem franquear essa "nebulosidade" (Gúrpide, Falcó e Bernanrd, 2000).

Também constitui uma dimensão praticamente inacessível para a formação. Apesar de todo mundo reconhecer sua importância no exercício profissional, poucos modelos de formação de professores conseguiram introduzir mecanismos capazes de influir realmente nessa zona de desenvolvimento pessoal. Pode-se pensar que a Universidade, como instância formativa, renuncia a "formar" a personalidade dos futuros professores e se contenta com ilustrá-los nas diversas disciplinas.

Gardiner (1989) apontou essa dicotomia entre os modelos de formação referindo-se a "modelos centrados nas aprendizagens públicas" (aquelas que centram a formação nos conteúdos das diversas disciplinas) e "modelos centrados nas aprendizagens pessoais" (que atribuem importância ao desenvolvimento pessoal e aos significados que cada futuro professor vai dando à sua experiência).

Também Bullough e Gitlin (1994) notam a enorme importância que tem, nos processos de formação de professores, o fato de que os estudantes tenham a possibilidade de identificar e revisar suas próprias teorias e crenças pessoais sobre os diversos aspectos que estão vinculados à sua futura profissão (as crianças, a educação, a aprendizagem, a disciplina, etc.).

É fácil perceber a grande importância que os diários têm nessa segunda orientação como instrumento para propiciar o conhecimento e o desenvolvimento pessoal.

Miles (1998) lembra a importância que foi esse desafio para a pesquisa educacional. Na revisão que realiza das etapas pelas quais passou a inovação educacional nas últimas décadas, experiências que ele viveu pessoalmente, se refere muitas vezes a como, desde a primeira etapa dos anos 1950 e 1960, as mudanças em educação estavam ligadas a um melhor conhecimento das dimensões pessoais dos professores:

> O comportamento auto-analítico é, acredito, um instrumento fundamental nas iniciativas de mudança escolar, o qual tem sido explicitamente utilizado desde a disseminação do uso de grupos com pessoal escolar a partir do final da década de 1950 (p. 42).

Minha experiência no caso dos professores de educação infantil não só confirma como torna mais importante e dramática a importância dessa dimensão pessoal. O envolvimento pessoal dos professores (a forma como eles mesmos, como pessoas, vão se ver envolvidos no trabalho, assim como o quanto esse trabalho vai se ver condicionado pelas características e qualidades pessoais dos professores) está diretamente relacionado com o grau de vulnerabilidade e dependência das pessoas com quem eles trabalham. Daí que os professores de crianças pequenas, ou que atendem sujeitos com deficiências, desenvolvem, em geral, um nível de envolvimento pessoal muito mais forte.[9]

É justamente nessas "experiências pesadas" que o diário cumpre um papel importante como elemento de expressão de vivências e emoções. Escrever sobre si mesmo traz consigo a realização dos processos a que antes referimos: racionaliza-se a vivência ao escrevê-la (o que tinha uma natureza emocional ou afetiva passa a ter, além disso, natureza cognitiva, tornando-se assim mais manejável), reconstrói a experiência, com isso dando a possibilidade de distanciamento e de análise e, no caso de desejá-lo, se facilita a possibilidade de socializar a experiência, compartilhando-a com um assessor pessoal ou com o grupo de colegas.

Os Diários como um Grande Recurso para Explicitar os Próprios Dilemas em Relação à Atuação Profissional

Já desenvolvi amplamente esse conceito de dilema em trabalhos anteriores. Mas gostaria de lembrar aqui alguns de seus aspectos básicos para que sirvam como ponto de referência conceitual para o trabalho com os diários. Quanto a esse trabalho, vou utilizar o conceito de *dilema* para me referir a todo o conjunto de situações bipolares ou multipolares que se oferecem ao professor no desenvolvimento de sua atividade profissional. É um dilema, por exemplo, como ajustar as exigências de programas oficiais com as necessidades específicas de nossos alunos; e o é também como desenvolver a evolução de uma aluna específica, que não queremos que fique com uma impressão negativa de seus resultados apesar de estes serem claramente insuficientes.

Em cada uma dessas situações problemáticas (que podem ser pontuais ou gerais) o professor tem de optar, e realmente o faz, em um sentido ou em outro (na direção de um ou outro dos pólos do dilema). Nem sempre o professor é consciente do processo de identificação ou do de resolução dos dilemas. E é claro que cada professor é mais sensível (e, por isso, se centra mais neles) a alguns dilemas que a outros e centra sua atuação e seu relato dessa atuação (é o caso dos diários) em torno de alguns dilemas ou outros. Lendo os diários, às vezes percebe-se com clareza, entre uma linha e outra, quais são os dilemas que mais preocupam esse professor, em torno de quais situações dilemáticas do ensino desenvolve seu processamento da informação e suas decisões.

Esse foi um dos propósitos de meu trabalho sobre diários de professores, desenvolvido em contato com os próprios professores que os tinham realizado: *identificar os dilemas que iam aparecendo no diário e inferir quais eram os processos deliberativos e de resolução prática que os professores punham em marcha em relação a tais dilemas.*

Dois aspectos do conceito de dilema são especialmente importantes no que se refere à análise qualitativa da atuação dos professores:

a) Os dilemas são constructos descritivos (isto é, identificam situações dialéticas e/ou conflitantes que ocorrem nos processos dialéticos) e próximos à realidade: se referem não a grandes esquemas conceituais, mas a atuações específicas concernentes a situações problemáticas no desenvolvimento da aula.
b) Quebram um pouco a idéia da linearidade da conexão pensamento-ação. Nos dilemas, o pensamento-desejo pode estar claro sem que a ação o esteja (é evidente que os sujeitos mais necessitados precisam de uma maior dedicação do professor, é menos evidente que se possa dedicar a eles uma parte importante da aula ou organizar em torno deles as atividades normais diárias). Em nível de ação, as contradições não são algo excessivamente estranho nem incongruente: fazem parte do desenvolvimento da ação, da dialética entre o desejável e o possível, e expressam a participação nela de componentes não-lógicos (situacionais, pessoais, simbólicos, etc.) (Jackon, 1975; Leinhardt e Greno, 1984).

Ambos os aspectos formam postulados amplamente aceitos no campo do estudo do pensamento dos professores.

Uma característica fundamental do trabalho didático é que ele deve ser desenvolvido em um contexto flexível e em constante mudança. Por essa razão tiveram pouco êxito os modelos didáticos baseados em propostas rígidas ou preestabelecidas (modelos diretivos, tecnológicos, modelos baseados no processamento da informação, etc.). Em geral, as aulas acontecem no âmbito de uma dinâmica muito fluida e dependente do contexto. É habitual que os planos de trabalho preparados pelos professores acabem se desviando do rumo estabelecido por causa das circunstâncias externas. Como assinalava Doyle, as aulas se caracterizam por uma condição de multidimensionalidade, simultaneidade e imprevisibilidade. Os dilemas, como ferramentas conceituais para a análise das atuações docentes, se acomodam bem a essa complexidade da aula e permitem compreender a natureza desafiadora da ação didática que os professores devem enfrentar. Por isso, podemos dizer que trabalhar com os dilemas para analisar a atuação dos professores em aula é muito interessante, por várias razões:

1. Por um lado, o dilema reflete a idéia da imediatidade e da ilogicidade da situação "aula" e do confronto particular que o professor faz de sua aproximação à aula.

Nesse sentido, por exemplo, Jackson (1975) se referiu à diferente "racionalidade" subjacente à fase de preparação e interativa (de desenvolvimento *in situ*) do ensino. A de preparação está saturada de uma intencionalidade racionalmente configurada; é, em geral, um discurso internamente congruente (congruência entre princípios e propostas de ação). Na fase interativa, essa racionalidade intrínseca do discurso decai: a ação do professor é mais imediata, mais "real" e, portanto, mais sujeita à influência de condições variáveis e dialeticamente presentes no processo de ensino. Deve responder, além disso, à necessidade de construir decisões imediatas em contextos imprevisíveis. A idéia de Jackson (1975, p. 179) é clara:

> A imediatidade da vida da aula, os sinais passageiros em que o professor confia para determinar seus movimentos docentes e para avaliar a eficiência de seus atos faz com que nos perguntemos se é apropriado empregar modelos convencionais de racionalidade como representativos do comportamento do professor em aula.

Essa idéia da natureza dinâmica da ação prática em aula é algo amplamente aceito nas atuais propostas para o ensino. Parece claro que as decisões práticas dos professores se ajustam pouco tanto à estrutura formal e simples que descrevem os modelos cognitivos como às representações dos processos de decisão dos próprios professores que surgem de estudos de laboratório ou descontextualizados (modelos do *policy capturing*, por exemplo). Como notou Lampert (1985), o fato de "estar em aula" dá ao professor uma perspectiva particular da situação e do dilema que nela se apresenta (perspectiva que é distinta da que têm aqueles que vêem a situação de fora). Também Shulman (1983, p. 488) é contundente sobre isso:

> Desde o momento em que o ensino é interativo, com a conduta do professor projetada sobre o aluno, é ridículo, em princípio, estabelecer diretrizes sobre como deve ser a atuação do professor... O ensino é o protótipo de uma empresa idiográfica, individual, clínica. A política educacional implica o remoto, o nomotético, o insensível.

2. A gestão prática da aula não só em nível imediato como em nível geral (curricular, digamos) é uma tarefa essencialmente problemática (isto é, constituída por possibilidades de ação alternativas e, às vezes, inclusive contrapostas).

A forma habitual de enfrentar essa complexidade é aplicar estruturas de simplificação sobre o universo de dados que constituem a realidade multidimensional da aula e da vida da aula. É assim que o professor procede no *processamento da informação* que dá a base para suas *decisões*.

A relação desse processo de simplificação com os dilemas foi destacada por Clark (1978, p.3) quando assinala:

(o modelo de processamento da informação)... descreve o professor como uma pessoa que se depara com uma tarefa ambiental muito complexa, que enfrenta o ambiente simplificando-o, isto é, atendendo a um pequeno número de aspectos e ignorando outros. Essas porções simplificadas do ambiente são chamadas de espaços problemáticos.

Essa é, do ponto de vista do enfoque de dilemas, uma questão fundamental. Geralmente, a dinâmica de funcionamento de uma aula se desenvolve em termos de enfrentamento de dilemas ou "espaços problemáticos". O ensino aparece como uma profissão carregada de dilemas, repleta de conflitos internos que são impossíveis de resolver e entorpecida em seu desenvolvimento por contradições essenciais entre seus próprios objetivos (Berlak e Berlak, 1981; Dreeben, 1970; Lampert, 1984, 1985; Lortie, 1975).

3. Esse senso do "problemático", como componente da gestão do ensino, volta a ligar o trabalho dos professores com o que é a perspectiva prática dos profissionais em geral (a forma basicamente reflexiva, mas utilitária em que esses profissionais abordam a "complexidade", a "incerteza", a "instabilidade", a "singularidade" e os "conflitos de valores" que implicam o espaço das profissões práticas).
   Ackoff (1979) foi muito explícito nesse ponto ao se referir ao mundo profissional (o profissional como administrador de intervenções práticas em contextos complexos):

   Os administradores não se deparam com problemas independentes entre si, mas com situações dinâmicas que consistem em sistemas complexos de problemas que interagem entre si. Chamo essas situações de confusões. Os problemas são abstraídos das confusões por meio de análise: os problemas são para as confusões como os átomos para as tabelas e os quadros. Os administradores não resolvem problemas, administram confusões (citado por Yinger, 1986, p. 115)

4. E, para fechar o argumento, essa idéia do ensino como *gestão profissional de espaços problemáticos*, volta a nos situar diante do *leitmotiv* básico do paradigma: o professor é um profissional racional. E o é não apenas porque é bom e desejável que o seja, mas porque, entendido o ensino como contexto prático (complexo, incerto, instável...) no qual tem de se ir resolvendo dilemas práticos (alguns mais relacionados com o imediato e outros mais vinculados ao sentido geral das ações do ensino), a reflexividade aparece como uma condição profissional necessária.
   Yinger (1986, p.115) se refere a isso ao descrever quais são, dessa perspectiva, as "habilidades do profissional":

   As habilidades para essas situações [refere-se às situações práticas complexas, incertas, instáveis, etc. etc.] não são a aplicação sistemática de modelos predeterminados ou técnicas padronizadas. Essas situações requerem o uso engenhoso das habilidades do profissional, habilidades tais como a

> descoberta do problema e sua formulação, e o projeto, a invenção e a adaptação flexível de intervenções

Dessa perspectiva, uma das características básicas do dilema como compromisso a ser resolvido racionalmente pelo professor é sua natureza essencialmente singular e dependente da situação. Ainda que o professor possa enfrentar problemas gerais (os grandes problemas da escolarização a que referem Berlack e Berlack, 1981), eles se apresentam a ele em um contexto singular e com algumas características particulares que é necessário enfrentar em um contexto específico de condições. James (1969, p.187) disse-o de maneira muito expressiva:

> Em sentido estrito, cada dilema real ocorre em uma situação que é única e a exata combinação de ideais realizados e ideais falhados que cada decisão cria é, em cada caso, um universo sem precedentes porque não existe uma regra anterior que seja plenamente adequada para ele.

Isso é, juntamente, o que caracteriza o professor como profissional racional: suas ações são ações em um contexto indeterminado cujas vinculações com as normas gerais e cujo sentido singular deve ser capaz de discriminar para adaptar suas decisões a essa conjunção dialética. Nesse sentido, se fala do professor como "prático", é isso que põe seu conhecimento em ação nas situações específicas, e do ensino como atividade exploratória em que se vai conjugando o desejável com o possível e o conveniente em cada situação. Esse é, por outro lado, o conceito de "pesquisa" aplicado ao ensino (Stenhouse, 1984).

Acho que com esses quatro pontos fica suficientemente explicitado o sentido dos dilemas e a importância que seu estudo tem no âmbito do paradigma do pensamento do professor. O argumento, em síntese, vem propor que o ensino em si mesmo é um evento complexo que os professores codificam e enfrentam em termos de "espaços problemáticos" a que pretendem dar respostas práticas. Essa concepção do ensino implica, por sua vez, uma concepção do professor como profissional racional.

O enfoque de dilemas constitui tanto uma *definição estipulativa* como, e principalmente, uma definição *programática* do ensino em termos de Scheffler (1970). Com isso, por um lado, se nota-estipula algo que constitui, dessa particular percepção do ensino, uma de suas características fundamentais: sua natureza deliberativa e prática e o sentido que ambos os termos têm nesse contexto. Por outro lado, pretende-se, além disso, fazer um discurso sobre como deveriam funcionar as coisas do mundo do ensino (o projeto curricular, a formação de professores, sua concepção profissional da aula, o estudo do ensino, etc.)

Quero dizer com isso que a abordagem do estudo do professor desde a perspectiva dos dilemas não conclui uma mera definição de termos e identificação dos dilemas recolhidos pelos diários de professores. Supõe tomar uma atitude que ultrapassa a estrutura habitual da pesquisa no que tem de mera constatação de se aparecem ou não dilemas nos relatos dos professores e quais são estes. No fundo desse trabalho está subjacente todo um discurso sobre a racionalidade e a reflexão e a como isso, por si mesmo, supõe uma melhoria qualitativa do ensino em relação a formas não-deliberativas ou críticas do fazer prático docente.

Dessa maneira, a consciência é postulada como componente básico do fazer prático docente. Os professores serão melhores profissionais tanto quanto mais conscientes forem de suas práticas, quanto mais refletirem sobre suas intervenções, como notou Oberg (1984). Como eu mesmo escrevi em outro texto, "a reflexão sobre a própria prática, a introdução de proposições reflexivas na ação de ensinar faz com que saiamos de um terreno de certezas dadas para outros e de rotinas procedimentais, etc. para um terreno de tomada de decisões, de debate, de insegurança, de criação...". No fundo de tudo isso está, como referencial conceitual e como referencial axiológico e propositivo, a necessidade de se aproximar do que Pérez Gomez (1984) denominou "competência epistemológica" que implica um modelo de professor como profissional que utiliza, de maneira sistemática, procedimentos de indagação, que é capaz de manejar os resultados das pesquisas aplicáveis a sua atividade e de se tornar ele mesmo pesquisador de sua prática.

Enfim, a peculiaridade dos dilemas está em que a forma como os professores os identificam e os enfrentam combina a dupla dimensão dos profissionais da educação: a dimensão do conhecimento (componente intelectual) e a dimensão das características pessoais de cada um (componente pessoal e emocional). Por meio dos diários costuma ficar claro, algumas vezes de forma explícita e em outras de forma implícita, nas entrelinhas, quais são os dilemas que mais perturbam os professores, como cada um deles o constrói cognitiva e emocionalmente e que mecanismos emprega para resolvê-los.

É por isso que os diários constroem um excelente caminho para se chegar, pelo menos à medida que os professores o desejem e/ou o permitam, aos dilemas práticos da profissão.

Os Diários como Recurso de Acesso à Avaliação e ao Reajuste de Processos Didáticos

Essa virtualidade dos diários está vinculada às características da "continuidade" e da "sistematicidade" dos registros feitos.

Neste ponto, cabe incluir o uso didático do "diário de aula". Nesse sentido, o uso do diário segue dois caminhos: o diário (de alunos ou professores) usado como recurso para registrar o andamento da aula e o diário como recurso voltado para a pesquisa e a avaliação dos processos didáticos.

São numerosas as experiências em que os professores pedem a seus alunos que realizem um diário de aula. Em alguns casos, a demanda é geral, é dirigida a todos. Em outros casos, se apresenta como tarefa que algum deles deve realizar (às vezes de modo rotativo, para que todos tenham de fazê-lo), o que o transforma assim, durante esse dia ou período de tempo, em uma espécie de relator do que acontece em aula. Celestín Freinet (1974) já falara dessa possibilidade de usar os diários dos alunos e das alunas como recurso de aprendizagem e de narração da experiência escolar.

Foram muito interessantes, por seus efeitos sobre a aprendizagem e o desenvolvimento de competências metacognitivas nos estudantes, as experiências em que o diário foi usado como instrumento de registro do processo de aprendizagem que os alunos vão seguindo. Pede-se a eles que pensem em seu diário a elaboração pessoal que vão fazendo do que é tratado em aula. Dessa maneira, os docentes cumprem o duplo objetivo de evitar que as aulas se tornem meros processos de recepção passiva de informações e/ou noções conceituais e de garantir que os alunos e as alunas reelaborem pessoalmente as questões tratadas e debatidas em aula. Em alguns casos, os professores utilizam esse diário como expressão do trabalho pessoal de cada aluno, avaliando-o em sua matéria sobre a base do diário de aula. O diário adquire assim as mesmas possibilidades práticas dos portfólios.

A consolidação das tecnologias da informação e comunicação no ensino reforçou grandemente a possibilidade de utilizar "diários" como recurso de acompanhamento por parte dos professores, e, inclusive, como procedimento para compartilhar experiências entre os próprios alunos. A maior parte das plataformas digitais para o ensino (semipresencial, a distância ou simplesmente combinada com a presencial) inclui espaços para que os estudantes (e também os professores ou outros colaboradores) possam redigir seu diário. Esse diário pode ter um acesso restrito (aberto apenas ao professor, ou aos colegas do grupo de trabalho, etc.) ou aberto (de maneira que todos os colegas de aula possam acompanhar o processo particular de trabalho que cada um segue).

Em certas disciplinas (as experiências são mais abundantes no campo das humanidades, mas também existem em outros espaços disciplinares) o diário aparece como um recurso privilegiado para refletir como cada aluno vai construindo seu conhecimento disciplinar, tanto em sua dimensão conceitual como no que se refere à dimensão atitudinal e à "visão" geral dos temas que acaba configurando em sua mente.

A revista *Cuadernos de Pedagogía* dedicou um número monográfico ao tema dos diários escolares com interessantes experiências do uso de diários em diversos contextos didáticos (Blanco, et al., 2001; Medina, 2001, etc.).

Os diários podem se tornar, também, o registro mais ou menos sistemático do que acontece em nossas aulas. Poderia ser usado individualmente ou em grupo, escrito pelo professor ou pelos alunos, abordando temáticas gerais (contando o que acontece em aula e dando, portanto, uma visão geral desta) ou temáticas mais específicas (escrevendo sobre questões selecionadas em função de sua relevância, de sua oportunidade ou de seu interesse por algum motivo). De qualquer uma das modalidades de uso do diário que empreguemos poderemos extrair uma espécie de radiografia de nossa docência.

Com elementos mais genéricos e misturados (referentes a diversas questões sem uma ordem estrita) pode se incorporar aos diários aspectos mais específicos e predeterminados (relacionados normalmente com aspectos sobre os quais nos interessa ter uma informação mais pontual e sistemática).

Por exemplo, podemos estar interessados em registrar no diário a dinâmica que ocorre com a incorporação ao grupo de uma criança com necessidades educativas especiais, ou as condutas agressivas que vão aparecendo, ou os sistemas de relação que as crianças desenvolvem com os adultos, etc.

Tanto as informações mais naturais e incidentais como as mais prefixadas vão nos permitir fazer uma idéia global e em perspectiva de que tipo de dinâmicas foi se produzindo em nossa aula, como evoluiu e de que maneira nos afetou. E essa "visão" de nossa aula nos será dada com todas as possibilidades que o diário possui como instrumento de descrição: a perspectiva diacrônica, a possibilidade de reconhecer os dilemas, o registro direto e próximo de eventos e situações que ocorreram em momentos específicos, a contribuição de fatos, mas também de vivências, etc. Por outro lado, a possibilidade de extrair padrões de atuação, de identificar pontos fortes e fracos também é patente. E daí deriva a conseqüência lógica de poder incorporar a nossas aulas os ajustes que são pertinentes.

Essas "informações densas" que exigem os "metodólogos" para poder fazer uma análise válida das situações aparecem de uma maneira muito clara nos diários. Basta recolher as repetições temáticas (os assuntos que vão sendo mencionados) e a evolução das análises e avaliações que fomos incorporando para poder estabelecer uma boa radiografia dos processos.

Obviamente, um uso dos diários com esse propósito acrescenta novas condições técnicas a seu desenvolvimento. Os diários devem se aproximar ao que Holly denominava de "diários etnográficos", quer dizer, narrações em que se leve em consideração também os elementos da situação em que se produziram os eventos narrados. Devem, igualmente, manter uma especial atenção à sistematicidade e à representatividade das observações.

Dizíamos que a outra modalidade dos diários se refere a seu emprego como *instrumento de pesquisa* dos processos de ensino. Porlan (1987) e Porlan e Martin (1991) insistiram nessa contribuição dos diários para o ensino. Da perspectiva da pesquisa qualitativa (tanto em sua orientação mais naturalista e descritiva como nos enfoques personalistas e interpretativos) os diários oferecem uma via potente de acesso ao estudo "rigoroso" e "vigoroso" dos processos de ensino. Foram especialmente úteis nos numerosos estudos para chegar às crenças, às concepções e ao conhecimento profissional dos docentes no âmbito do paradigma do pensamento do professor (*teacher thinking*) tão forte nas duas últimas décadas.

A contribuição principal dos diários nesse âmbito tem de ser analisada levando em consideração algumas de suas características próprias como recurso de pesquisa. Por um lado, o amplo e variado registro de elementos de informação que oferece: desde dados para análise, descrições para reflexões, extratos de documentos para interpretações pessoais até narrações sobre fatos passados para hipóteses e antecipações. Todo esse grupo de dados cabe em um diário. Por outro lado, trata-se sempre de informações que foram elaboradas e transformadas em relato desde a perspectiva particular de quem participa no processo "contado". Os diários são sempre "versão de parte", mas essa circunstância não diminui seu valor para a pesquisa. Antes pelo contrário, acrescenta-lhe a mais-valia de uma "visão de primeira mão", algo contado de dentro. Obviamente, o pesquisador terá de levar em consideração a natureza subjetivada dos dados com que está trabalhando e deverá introduzir os mecanismos de contraste e de triangulação que equilibrem o peso das diversas perspectivas e dimensões do fato estudado.

Não menos importante nesse uso do diário como recurso de pesquisa é o próprio fato de que torna os que o escrevem (professores, alunos, colaboradores, estagiários, etc.) em pesquisadores. Dessa maneira, no diário se integram três posições complementares: a do *ator* (o que provoca as ações narradas no diário ou participa nelas); a do *narrador* (o que a conta, situando-se fora da ação) e a do *pesquisador* (o que se aproxima dos fatos com espírito de busca, com hipóteses a comprovar, com um esquema conceitual e operativo que lhe permita ler, analisar, avaliar e melhorar as ações narradas). Por isso, todos nós que trabalhamos com diários, insistimos reiteradamente que são muito úteis para provocar a reflexão e o melhor conhecimento de nós mesmos e de nossas ações.

Assim, portanto, como também nota Porlan (1987), entendo que os diários permitem desenvolver todo o conjunto de operações que implica a pesquisa:

- Recolher informação significativa sobre o processo de ensino e aprendizagem que estamos realizando e as particulares circunstâncias em que o fazemos.
- Acumular informação histórica sobre a aula e o que nela acontece. Essa informação pode se referir igualmente à escola em seu conjunto ou a algum de seus serviços, se quem escreve o diário se refere a eles.
- Descrever fatos ou momentos parciais. Identificar problemas. Fazer acompanhamentos de temas de interesse.
- Analisar os dados e refletir sobre os fatos, momentos, problemas ou assuntos.
- Imaginar explícita ou implicitamente (por meio de nossas considerações divulgadas pelo diário) soluções, hipóteses explicativas, causas dos problemas, etc.
- Tratar o próprio texto do diário como um objeto de pesquisa a que são aplicáveis técnicas de análise de conteúdo, identificação e tratamento de indicadores vários (relativos a crenças, concepções, idéias, condutas, etc.), identificação de repetições, identificação de coerências e divergências entre diferentes diários, etc.

Os Diários como Recurso para o Desenvolvimento Profissional Permanente

Tudo o que foi dito nos pontos anteriores serve para justificar a virtualidade dos diários. Visto que nós, professores, estamos em condições de reconhecer nosso mundo pessoal (pelo menos aquelas dimensões mais comprometidas com nosso trabalho) e nossos dilemas práticos (o que de alguma maneira nos levará a identificar nossos pontos fortes e fracos e também aquelas situações cujo enfrentamento nos é mais problemático), estaremos em melhores condições para orientar nosso crescimento profissional (Revenga, 2001).

Parece evidente, hoje em dia, que a simples prática (o levar muitos anos desenvolvendo uma determinada atividade) não melhora substancialmente a qualidade do exercício profissional (pelo menos naquelas profissões de elevado nível de complexidade, como é o caso do ensino). A importância atribuída nestes últimos anos à reflexão, à avaliação ou à aprendizagem como competências profissionais substantivas e necessárias para o desenvolvimento profissional nos remete à necessidade de buscar instrumento de coleta e análise de informação referente às próprias práticas que nos permita revisá-las e reajustá-las, se for preciso.

Por isso, queremos destacar aqui a importância dos diários nesse processo de revisão e análise da própria prática profissional. Os diários de aula, as biografias, os documentos pessoais em geral (e também outras formas de documentação, como as gravações em vídeo, a reunião de notas sobre nossas aulas por parte dos colegas, etc.) constituem recursos valiosos de "pesquisa-ação" capazes de instaurar o círculo da melhoria de nossa atividade como professores. E isso vale tanto no que se refere às *competências globais* de todo professor como para aquelas mais vinculadas à nossa própria especialidade (González Prieto, 2003, o aplica a professores de educação física, por exemplo).

A redação dos diários leva consigo todo um conjunto de fases sucessivas que facilitam o estabelecimento de um processo de aprendizagem baseado em uma dupla categoria de fenômenos: (a) o processo de se tornar consciente da própria atuação ao ter de identificar seus componentes para narrá-los e (b) o processo de recodificar essa atuação (transformar a ação em texto), o possibilita a racionalização das práticas e sua transformação em fenômenos modificáveis (e, portanto, possíveis de melhorar).

Por meio dos diários se torna possível o seguinte processo de aprendizagem, que poderíamos estabelecer em cinco etapas:

1. Os sujeitos se tornam cada vez mais conscientes de seus atos.
   Em primeiro lugar, se gera um nível de "arousal", ou tensão psíquica maior, pois se deve estar mais atento em relação ao que acontece para poder descrevê-lo depois. E, em segundo lugar, o próprio fato de escrever permite examinar, posteriormente, as atividades realizadas e identificar seus componentes, o que enfim redunda em um melhor conhecimento do realizado.

Como puderam constatar colegas italianos especialmente comprometidos na utilização de sistemas de documentação nos processos de formação permanente de professores de educação infantil,[10] a principal contribuição desses sistemas é que serve para *allenare i ochi* (treinar os olhos, melhorar a capacidade de ver) por parte dos professores.

2. Realiza-se uma aproximação analítica às práticas profissionais recolhidas no diário.
   Quanto mais analítica é a aproximação aos fatos (desde que não se atomize tanto a análise que acabe se perdendo a identidade do fenômeno) mais rica será sua leitura e mais conseqüências podem ser extraídas para sua melhoria.

Por isso, insistimos antes que os bons diários (como as boas observações) devem ser ricos informativamente, de tal maneira que nos proporcionem uma perspectiva o mais completa possível dos aspectos anotados.

3. Aprofunda-se na compreensão do significado das ações.
   Tanto a consciência dos fatos como seu conhecimento analítico permitem entrar em um nível mais profundo de compreensão do significado dos fatos recolhidos na narração (não apenas como são as coisas, mas que sentido têm e como nos afetam, o sujeito envolvido, o grupo e, inclusive, a instituição em seu conjunto).
4. Possibilitam-se as decisões e as iniciativas de melhoria introduzindo as mudanças que pareçam aconselháveis (a partir dos dados anotados e do novo conhecimento em relação a eles).
   Os diários de aula normalmente não costumam aparecer como um simples refúgio de vivências cujo sentido termina e se completa na própria narração. Se assim fosse, o processo de aprendizagem não conseguiria superar o nível 3 antes observado.

Mas, dada a situação desse recurso no âmbito dos processos da *action-research*, a conseqüência natural do ato de escrever e analisar os diários é que nós, professores, nos encontremos em melhores condições para introduzir e experimentar aquelas mudanças que, à vista de como vão indo as coisas, nos parecem oportunas.

5. Inicia-se um novo ciclo de atuação profissional (um novo estilo pessoal de realizar o trabalho profissional), uma vez que vão se consolidando as mudanças introduzidas.
   Essa nova situação se verá igualmente enriquecida pela continuação no desenvolvimento dos diários de aula. Com isso, se inicia um novo ciclo no qual se repetirão uma vez mais as fases já mencionadas de maior consciência do que se está realizando, melhor compreensão do sentido de nossas ações, planejamento de novas mudanças e consolidação destas em um novo estilo pessoal.

É justamente assim que nos instalamos em um circuito permanente de melhoria da qualidade de nossa atividade profissional.

Outros aspectos (talvez secundários, mas de grande interesse) do uso dos diários nos processos de formação permanente se referem aos seguintes pontos:

a) acostumam-nos a *refletir*, a voltar atrás, com uma função narradora do que aconteceu
b) acostumam-nos a *escrever*
Costuma-se dizer que não há coisa que mais custe aos professores que escrever. Alguém nos definiu como uma profissão contraditoriamente "ágrafa" (porque devemos ensinar as crianças a escrever, mas nós mesmos resistimos muito a escrever: nossas experiências, comunicações em congressos, artigos, etc.). Isabel Carillo (2001, p.51) fez um bonito canto às virtudes do escrever e ao que os diários proporcionam nesse sentido:

> A escrita é, desse modo, um espaço de silêncio para lembrar a mudança e vislumbrar os rastros deixados, mas, ao mesmo tempo, nos leva a projetar novos espaços imaginários à luz daquilo que já foi, do que é e do futuro que ainda é incerto porque não é. É também um espaço para a descoberta de cada rosto, de cada olhar, das diferentes maneiras de pensar, de sentir e de viver a realidade.

c) proporciona um *feedback* imediato e permanente
As experiências implicam emoções que perdem rapidamente seu vigor e sua intensidade, mas, se escritas, tornam-se uma realidade estável e manejável.
Por outro lado, ao escrever, formalizamos nossas experiências em um documento. Quer dizer, realizamos um processo cuja conclusão é um produto. Algo objetivo e real, nosso e à nossa disposição.
d) facilita compartilhar as experiências e chegar a um modelo mais cooperativo de trabalho
O que temos escrito é mais fácil de contar e compartilhar do que o que simplesmente sabemos, pensamos ou sentimos (por isso, as pessoas se sentem mais seguras quando têm escrita sua palestra ou a mensagem que devem transmitir aos demais). "A escrita", escreveu Santos Guerra, "ajuda a sistematizar o pensamento, facilita a troca, serve de estímulo e torna possível a crítica" (em Carrillo, 2001, p. 52).
e) os diários são perfeitamente compatíveis com e complementares a outro tipo de técnicas utilizáveis no desenvolvimento profissional: portfólios, cursos de formação, grupos de trabalho, etc.

NOTAS

1. Alguns sistemas educacionais tornaram obrigatória para os professores a atividade de redigir todo dia "o diário de aula". O que se recolhe nesse diário é o elenco de atividades desenvolvidas durante esse dia e as incidências (ausências, problemas, etc.) que houverem se apresentado.
2. Autores relevantes dessa corrente foram Huberman, 1989 e Oja, 1988.
3. São paradigmáticos nessa linha de pesquisa os estudos de Butt e colaboradores (1990).
4. O autor da revisão dá especial importância nessa linha de pesquisa aos trabalhos de Pajak e Blase, 1989.
5. São citados neste capítulo os estudos de Knowles, 1992.
6. Menciona-se o trabalho feito por Kelchtermans, 1993.
7. Cita-se a experiência de Le Bohec, 1985.
8. No que se refere ao trabalho com diários se mencionam o trabalho de Yinger e Clark, 1988 e também Zabalza, 1993.
9. É freqüente encontrar professoras angustiadas ou chorosas porque se sentem incapazes de resolver os problemas que as crianças pequenas ou suas famílias apresentam. Também podemos constatar como esse nível intenso de envolvimento pessoal torna esses grupos profissionais mais vulneráveis a depressões e problemas de saúde.
10. Podem se examinar as contribuições de Quinto Borghi e Ana Bondioli em Zabalza, no prelo.

2 Os *Diários* dos Professores como Instrumento de Pesquisa

Como já apontei anteriormente, no conjunto da bibliografia sobre as metodologias qualitativas aparece o diário como um de seus instrumentos básicos (visto de distintas perspectivas e com diferentes funções dentro dos programas de pesquisa). No entanto são muito menos freqüentes as referências explícitas a tê-lo usado, e inclusive, quando se faz tais referências, não vêm acompanhadas pelo esclarecimento de que tipo de uso se fez do diário e como se abordou a informação que proporciona.

Por isso, entendo que este trabalho tem certamente um sentido original, mas ao mesmo tempo corre sérios perigos de insuficiência e vulnerabilidade diante da falta de referência e precedentes claros por parte dos "líderes" da pesquisa qualitativa atual.

Já escrevi sobre diários em outras ocasiões e, de alguma maneira, ali pode se ver qual é minha idéia a respeito. Não será necessário, portanto, estender-me muito aqui. Gostaria, em todo caso, de maneira a mais simplificada possível, abordar o tema dos diários no contexto da pesquisa que estou apresentando, a partir dos seguintes pontos de vista:

a) O diário no contexto dos documentos pessoais e materiais autobiográficos.
b) O diário como instrumento de análise do pensamento do professor:
   - o diário como documento de expressão pessoal do professor;
   - garantias metodológicas no trabalho com diários;
c) O diário nesta pesquisa: história da pesquisa e contexto de elaboração dos diários.
d) Os diários estudados como expressão do estilo docente: uma aproximação exploratória a sete diários de professores.

e) A análise dos dilemas por meio dos diários: estudo de um caso.
f) Metadiscurso sobre os diários: como é possível avaliar o recurso dos diários. Conclusões do trabalho.

O conjunto desses pontos servirá para expressar qual é o estado atual de nossa pesquisa sobre o pensamento do professor no que se refere à parcela específica do trabalho com diários (mesmo que, neste momento, já estejamos trabalhando com diários de práticas dos alunos, o que significaria abrir uma nova linha de trabalho em que se mantém o instrumento, mas se completa o conteúdo e a função da linha pesquisada).

O DIÁRIO NO CONTEXTO DOS DOCUMENTOS PESSOAIS E DOS MATERIAIS AUTOBIOGRÁFICOS

Foram muito numerosos os trabalhos realizados nos últimos anos que falaram da importância dos documentos pessoais no estudo qualitativo das realidades humanas e sociais (Allport, 1942; Balan e outros, 1974; Bertax, 1980, 1981; Dollard, 1965; Ferrarotti, 1983a, 1983b; Ginsburg, 1979; Morin, 1980; Plummer, 1983; Sarabia, 1985; Szepanski, 1978). No âmbito específico da pesquisa educacional, os textos são menos numerosos (Berk, 1980; Burgess, 1984, 1985; Collins, 1979; Grumet, 1980; Pinar, 1980, 1981; Van Manen, 1975).

Ao falar de documentos pessoais, refiro-me basicamente às biografias, autobiografias, histórias de vida e diários, junto com outros documentos menores, como cartas, informes, etc. Mercadé (1986) nos dá diversas definições dos documentos pessoais:

> Denomina-se documento humano ou pessoal aquele em que os traços humanos e pessoais do autor se expressam de tal forma que o leitor conhece o que ele opina sobre os acontecimentos referidos no documento (Gottschalk).
>
> Um documento pessoal é, para nossos fins de pesquisa, aquele que revela a tomada de posição da pessoa que participa em certos fatos em relação a esses fatos (Angell).
>
> [É documento pessoal] todo aquele documento revelador de si mesmo, que de maneira intencional ou não proporciona informação em relação à estrutura, à dinâmica e ao funcionamento da vida mental de seu autor (Allport).
>
> [É documento pessoal] um relato em que se dá conta da experiência de uma pessoa que expõe sua atividade como ser humano e como participante da vida social (Blumer).
>
> Em uma interpretação ampla da denominação de "documento pessoal", chamaremos assim não só todo tipo de autobiografias, diários, memórias, como também cartas, transcrições literais de declarações de testemunhos, confissões, en-

trevistas, assim como todos os outros documentos que têm como conteúdo uma cristalização de estados psíquicos de uma pessoa qualquer (*projective documents*) (Szcepanski).

Seu surgimento e seu desenvolvimento foram paralelos à aparição e ao desenvolvimento dos novos enfoques qualitativos no conjunto das ciências sociais (fundamentalmente antropologia, psicologia, sociologia e história). Balan (1974, p.7) observa esse ressurgimento nos seguintes termos:

> Há 10 ou 15 anos dava a impressão de que as histórias de vida, com a saudável exceção de seu uso em psicologia clínica, estavam mortas. A técnica se achava então demasiado associada com a impressão, a subjetividade e até um determinado romantismo de uma ciência social de um passado aparentemente remoto e superado. Era identificada com duas correntes. Por um lado, com a antropologia européia e norte-americana e, por outro, com a época de ouro da escola de Chicago, onde se usou desde Thomas e Znaniecki em diante.

A maior parte dos estudos situa em Thomas e Znaniecki, com sua obra já clássica nos estudos sociais *The polish peasant in Europe and America* (1919), o começo do ressurgimento dessa corrente metodológica centrada na utilização dos documentos pessoais como recursos da pesquisa científica. Corrente que chegou a se tornar, hoje em dia, patrimônio comum de boa parte das ciências sociais (desde a sociologia até a educação, incluindo naturalmente a antropologia, a psicologia social, a lingüística, a medicina, a história, etc.). De qualquer forma, o uso que as diferentes parcelas do saber social fazem dos documentos pessoais varia muito: a história reconstrói biografias e épocas por meio desses documentos, a sociologia trata de inferir estruturas sociais por meio de descrições detalhadas de múltiplos espaços pessoais, a pedagogia nos serve para explorar a dinâmica de situações específicas mediante a percepção e o relato que dela fazem seus protagonistas, a psicologia clínica é o espaço pessoal individual de cada sujeito que se transforma em objeto de estudo, a antropologia supõe a forma de chegar às vivências idiográficas e às formas de vida próprias de grupos ou comunidades, etc.

A questão conceitual básica que se estabelece nesse tipo de estratégia metodológica é tratar de responder à dupla exigência: centrar a análise em situações específicas integrando as dimensões referencial e expressiva dos fatos. E isso foi resolvido de uma dupla perspectiva: tendo acesso ao objetivo da situação por meio da versão subjetiva apresentada pelos sujeitos (antropologia, sociologia, psicologia social) ou centrando o trabalho na percepção subjetiva dada pelos autores, de maneira que o subjetivo se transforme em objeto de si mesmo da pesquisa cuja interpretação se situa no âmbito dos dados objetivos que o próprio documento pessoal proporciona (tal é o caso do estudo dos diários dos professores, dos estudos de psicologia clínica, dos estudos biográficos, etc.).

F. Hernández (1986, p. 285) descreve essa dupla dimensão-contribuição dos documentos pessoais (em seu caso, da perspectiva da sociologia):

> O valor instrumental desse método reside em sua capacidade de reproduzir a vivência concreta dos casos por meio da experiência acumulada; quer dizer, significa a formulação consciente do devir social por parte dos sujeitos. Com isso, se quer destacar o valor da *própria história,* da pessoa ou do grupo social.
> Em termos gerais, estas são as duas características que definem a utilidade científica do relato biográfico: por um lado, seu aspecto documental e, por outro, sua capacidade de relacionar o nível "micro" do tempo biográfico e o contexto "macro" do tempo histórico, porque representa a realidade em termos de processo. A originalidade da sociologia qualitativa consiste em interconectar o caso estudado com a dinâmica geral do processo social ao introduzir a vivência pessoal em seu contexto social.

Como em todo espaço teórico e metodológico da pesquisa qualitativa, o dilema fundamental que caracteriza o trabalho com documentos pessoais é a inter-relação entre o caso e a realidade geral. Esse dilema teórico e metodológico afeta todos aqueles processos de pesquisa em que a pretensão é conhecer o geral por meio do individual (caso da sociologia, por exemplo). O dilema é menos dramático quando, como acontece em nosso caso, o objeto de estudo é precisamente o individual, sem pretensões de generalização (ou com a pretensão de chegar apenas a *generalizações intermediárias*, quer dizer, poder referir os achados a grupos próximos e homogêneos). Como observaram Wiseman e Aron (1969):

> o termo "estudo de casos" geralmente leva a pensar no individual, mas os grupos, as instituições e as comunidades de iguais podem ser objeto de estudos de casos [...] por meio dos quais se tenta compreender o individual, sua situação e seu comportamento na configuração total de fatores que o afetam ao longo do tempo.

Apresentada a questão no nível de controvérsia de métodos (o quantitativo diante do qualitativo, o empírico diante do subjetivo) tem poucas possibilidades de prosperar além das querelas habituais entre pesquisadores de uma e outra tendência. Já nos referimos a elas tanto no Projeto como em um ponto anterior deste livro. Concordo com Hernández (1986, p. 287-288) quando afirma que a questão tem de ser proposta em termos funcionais e de racionalidade entre tentativa e estratégia. A qualidade ou a insuficiência de um método não é aplicável ao método em si, mas ao contexto em que é usado (é o problema e o propósito que guia seu estudo o que definirá a adequação ou não de um método):

> Se o objetivo é descobrir uma realidade seguindo o método das ciências físico-naturais, a metodologia quantitativa tem um campo de aplicação mais adequado. Mas se o objetivo é incorporar a informação ao processo explicativo da realidade social, nos situamos em um nível diferente, que permite integrar os dados e faz a teoria avançar.

O lugar do método, então, se define em um problema de racionalidade; quer dizer, trata-se de adequar os meios técnicos aos fins científicos. Por isso, não deve se justificar a cientificidade de um método em função de sua maior ou menor semelhança em relação às ciências físicas naturais, mas em função da realidade que se pretende analisar. A posição de Stouffer, em um artigo de revisão de posturas anteriores, é muito esclarecedora a respeito: tanto o estatístico como o pesquisador de casos pode conseguir benefícios mútuos se deixam as querelas e começam a colaborar entre si.

Harré e De Waele (1979), em um importante trabalho (*Autobiography as a psychological method*), apresentaram o tema da adequação dos documentos pessoais (biografias, autobiografias e diários) para a pesquisa desde a lógica dos projetos. Contrapõem os projetos extensivos aos intensivos. Os projetos extensivos baseiam sua legitimidade na representação: seu ideal seria estudar todos os indivíduos de um tipo, mas como tal coisa não é possível mostra-se o universo de referência e seleciona-se nele os casos mais freqüentes a partir de cujo estudo se estipulará a definição do "tipo". O projeto intensivo centra-se em um ou em vários casos típicos a partir de cujo estudo em profundidade se derivam as propriedades comuns do "tipo". Ambos apresentam grandes problemas na sintetização da relação sujeito-tipo:

> [Com os modelos extensivos se corre o risco de que] se os indivíduos que constituem a extensão do tipo são altamente variáveis em suas características, os resultados da pesquisa são facilmente triviais, dado que existirão poucas propriedades em comum a todos os membros de um mesmo tipo (p. 190).
>
> A vantagem dos projetos intensivos é que um grande número de propriedades podem ser pesquisadas conjuntamente, detalhadas em suas relações estruturais e suas interações, e proposta uma descrição de tipos muito detalhada.

Para Harré e De Waele, o principal problema que apresenta o modelo intensivo, como seriam as biografias, histórias de vida, diários, etc., é o de que os tipos selecionados para seu estudo devem ser fortemente representativos da classe a que pertencem. Em seu esquema de projeto intensivo o nomotético e o idiográfico praticamente se fundem: a informação só pode ser obtida com proveito se o sujeito estudado é um representante típico de parte ou de todo o grupo estudado. Sua argumentação é menos pertinente em nosso caso porque não pretendemos estudar um tipo (estabelecer descrições genéricas do funcionamento dilemático dos professores), mas sujeitos específicos desse grupo (como os professores autores dos diários estudados enfrentam seus dilemas práticos). De qualquer forma, toda pesquisa, pelo menos implicitamente, tem um compromisso com a generalidade e com o desenvolvimento da teoria de que parte e, nesse sentido, a disjuntiva intensivo-extensivo, nomotético-idiográfico está sempre presente no projeto e no desenvolvimento das pesquisas.

À exigência da representatividade, Harré e De Waele acrescentam a da veracidade dos relatos. Em princípio mantêm certos receios em relação à possibilidade de alcançar a realidade dos fatos pelos relatos dos sujeitos, principalmente os autobiográficos.

Para De Waele e Harré, os relatos autobiográficos têm muito de autoconcepções e auto-apresentação pontual. Isso pode gerar neles uma dupla dificuldade no que se refere à veracidade: 1) que tal representação esteja definida contextualmente, isto é, que o sujeito responda antes de mais nada às expectativas percebidas na situação em que se produz o relato e 2) que a perspectiva diacrônica fique distorcida pela influência de dimensão sincrônica que implica a reconstrução desde o aqui e agora da própria história. Em ambos os casos, a veracidade do relato ficaria seriamente condicionada.

Diante dos procedimentos que se baseiam na análise dos materiais dados pelo próprio sujeito (declarações e documentos escritos de tipos diversos, como diários, cartas, etc.), esses autores propõem a biografia acompanhada, uma espécie de híbrido metodológico que posteriormente veio a ser conhecido como "o método de Bruxelas" (Sarabia, 1985) (um grupo de técnicos, doze na equipe original, depois reduzidos a quatro, estuda desde diferentes perspectivas os sujeitos: médicos, psicólogos, trabalhadores sociais, etc, enfocam cada um a biografia dos sujeitos desde seu próprio ponto de vista profissional). O método, em síntese, é o seguinte (sigo Sarabia, 1985, p. 181-183, na descrição):

> Uma vez selecionados o sujeito e o grupo de analistas, o primeiro deve escrever sua autobiografia. Esse texto é dividido, então, em segmentos, atendendo a razões de tempo e de tema. Entrega-se a cada membro da equipe um segmento para sua análise. A partir do segmento recebido deve imaginar e reconstruir a vida do sujeito.
>
> Por tema se entende um conjunto particular de pautas de pensamento ou de ação, que se estende ao longo do tempo. Os temas se caracterizam por certas propriedades longitudinais e estruturais e pela singularidade.
>
> O parcelamento em temas teria por objetivo sistematizar a reconstrução da vida estudada de um ponto de vista ao mesmo tempo sincrônico e diacrônico. Para isso, Harré e De Waele construíram um catálogo temático muito detalhado, do qual reproduzimos, a seguir, suas grandes categorias:
>
> – *Contexto microssociológico:*
>   1. perspectiva temporal
>   2. ecologia social
>   3. condições econômicas de vida
>
> – *Pautas psicossociológicas de vida:*
>   4. famílias e grupos
>   5. linhas culturais de valores, normas, expectativas e papéis
>   6. situação institucional
>
> – *Características individuais: si mesmo* (self) *e personalidade*
>   7. autodescrições e interpretações

8. interesses; atividades ocupacionais e de tempo livre
9. fins, aspirações e conflitos.

> O objetivo desse esquema seria identificar sistematicamente os temas mencionados pelo autor na biografia no começo do processo, percebendo possíveis lacunas na dita biografia e indagando as razões de tais omissões, sempre por meio de um processo de cooperação.
>
> [...] Os membros da equipe lêem a biografia original inteira, segundo o próprio Harré, a fim de que os conhecimentos implícitos, o que é dado por certo, emerjam e fiquem refletidos na reconstrução da vida do sujeito.
> [Nessa fase, os membros da equipe ainda não conhecem o entrevistado, não falaram com ele.] O passo seguinte se inicia com um processo de negociação, quando os membros da equipe apresentam suas reconstruções ao sujeito e confirmam ou modificam seus pressupostos mediante uma ou várias entrevistas, em que utilizam procedimentos de enfoque sobre aspectos específicos da primeira narração produzida pelo sujeito.
> [...] Das entrevistas citadas, aquelas em que cada membro da equipe negocia com o sujeito a reconstrução biográfica preparada desde a segmentação em épocas e temas do primeiro relato, são feitas gravações e suas correspondentes transcrições, a partir das quais o dirigente da pesquisa constrói a primeira autobiografia acompanhada. Depois disso, o sujeito sobre cuja biografia se trabalha, a equipe e o dirigente desta, se reúnem para, por meio de discussões e negociações, confeccionar uma segunda autobiografia em que se prestou especial atenção aos temas longitudinais que aparecem nela.

A complexidade do processo implantado por esses dois autores distancia também sua proposição sobre documentos pessoais do que nós estamos realizando. No entanto me pareceu necessário mostrar aqui seu método como clara expressão do grande espectro de enfoques a partir dos quais, neste momento, se está abordando na pesquisa o tema da reconstrução de realidades e experiências individuais ou coletivas por meio de documentos pessoais.

De qualquer forma, é possível se observar como o trabalho com documentos pessoais naturalmente implica um grande risco metodológico, inerente, por um lado, à sua inserção no contexto da pesquisa qualitativa (contexto em que se situa a maior parte dos trabalhos nesse âmbito, embora tenham sido feitas também análises mais objetivas e empíricas dos dados, principalmente em nível lingüístico [Ericsson e Simon, 1980]) e, por outro, à particular natureza dos dados em si (auto-informes dados pelo próprio sujeito).

Em relação à sua natureza qualitativa, as críticas foram constantes: "os dados qualitativos", escreveu Marsal (1977, p. 308)

> desde as matrizes teóricas até as meras observações servem, na verdade, apenas para a fase prévia da pesquisa empírica ou exploratória, ou para apoiar as teorias, dando-lhes maior possibilidade, mas em todo caso, *embora sejam mais que uma simples exemplificação, são menos que uma prova.*

Em relação à natureza dos dados provenientes de documentos pessoais e às exigências metodológicas que devem cumprir, Blumer (1939), comentando o trabalho de Thomas e Zaniecki, observa quatro critérios de avaliação:

1. a representatividade: isto é, que o documento apareça como expressão da experiência normal, comum, habitual do sujeito. Que represente realmente o campo semântico a que refere.
2. a adequação: isto é, que o propósito com que se pretende utilizar o documento pessoal não ultrapasse as possibilidades deste como "dado", que seja proporcional ao objetivo da pesquisa.
3. a confiabilidade: que estaria ligada à veracidade do documento (e esta à possibilidade de comprovar os dados em diferentes fontes ou mediante diversos procedimentos).
4. a validade: que se referiria à fundamentação das interpretações feitas pelos dados de cada documento particular. A validade se firma por meio da atribuição de uma certa preponderância de evidências em relação a interpretações e/ou na justa correspondência destas com aquelas.

A aplicação estrita dos critérios anteriores leva Blumer obviamente a concluir que é difícil justificar "cientificamente" o uso de documentos pessoais. E ele pensa, claro, que os utilizados por Thomas e Znaniecki, pelo menos tomados individualmente, não cumpriam tais requisitos. Minha impressão geral é de que as coisas evoluíram desde então e hoje estamos mais próximos de proposições mais abertas em relação à possibilidade de trabalhos científicos com documentos pessoais (exigir, por exemplo, a comprovação por diversas fontes anularia grande quantidade de documentos históricos pertencentes a momentos já passados e, portanto, não-trianguláveis; a primeira condição pode entrar em choque com a terceira no sentido de que dados sobre a vida de uma pessoa famosa ou sobre fatos muito relevantes poderiam ser obtidos por meio de diversas fontes, o que não ocorreria com dados referentes a situações normais de vida).

De qualquer forma, o referencial de condições de Blumer, aceitável em linhas gerais, não seria de todo aplicável ao caso dos diários, em que fatores como confiabilidade podem substituir a exigência de diversidade de fontes pela estrutura longitudinal do documento, que dá oportunidade a repetições de provas de confiabilidade (tópicos que se mantêm ao longo do relato).

Um dos autores-chave para se focalizar o tema dos documentos pessoais foi Allport (1942). Praticamente todos os trabalhos sobre o tema partem da conceitualização feita por ele desse tipo de materiais e do contexto de condições metodológicas em que os situa.

Nesse trabalho, Allport trata de responder às numerosas críticas que tinham sido feitas aos documentos pessoais como material de pesquisa. Allport classifica tais críticas em três grupos:

1. Críticas que são triviais, irrelevantes ou falsas.
   Allport situa nesse grupo aquelas presunções de falta de objetividade, validade e confiabilidade dos documentos. Em relação à objetividade, é óbvio que são dados subjetivos, trata-se disso justamente. A validade dos documentos pode ser avaliada tanto quantitativamente como qualitativamente (como qualquer outro tipo de informação disponível em outros modelos de pesquisa): qualitativamente por meio da análise de sua consistência interna, da confiabilidade do autor, da corroboração por meio de evidências independentes, etc.; quantitativamente pela correlação entre juízes que avaliam separadamente os documentos ou as fontes. A falta de exatidão (confiabilidade) é um perigo facilmente evitável mediante uma cuidadosa seleção, temática e temporal, de amostras ou unidades de análise. A não ser que se faça uma seleção caprichosa dos conteúdos do documento, não há por que baixar a confiabilidade da informação.
2. Críticas que são verdadeiras sob certas condições ou em certo sentido.
   Aqui Allport situa aquelas críticas que podem ser críticas corretas em determinadas circunstâncias. Entre elas, inclui:

   - não-representatividade da amostra: teria sentido em estudos nomotéticos, mas não em trabalho de cunho idiográfico;
   - excessiva simplificação: pode ocorrer quando não se amplia suficientemente o campo analítico ou se fecha com excessiva pressa a coleta de informação. A excessiva simplificação pode acontecer porque o documento conta pouco ou se conta as coisas de uma perspectiva excessivamente restrita (de qualquer forma, isso já seria um reflexo de qual é a posição do autor em relação à realidade que narra e, portanto, um dado de interesse para o analista);
   - engano deliberado: é provável quando as conseqüências derivadas do documento podem afetar seu autor (o uso que se vá fazer do documento). Isso pode ser evitado em grande parte por meio do anonimato ou da clara negociação dos propósitos a se conseguir e das conseqüências possíveis;
   - erros de memória: esse risco é maior no caso de relatos retrospectivos. Tem menos sentido em relação aos diários, uma de cujas características é justamente a imediatidade da anotação. Em todo caso, também seria sintomático o fato de lembrar umas coisas e esquecer outras: no fundo, o que interessa ao pesquisador é recuperar o que o sujeito lembra, já que isso é o que ele realmente maneja em seus processos cognitivos conscientes;
   - cegueira dos motivos: costuma acontecer em relação a motivos inconscientes, mas é menos provável que aconteça com os motivos manejados pelo sujeito em seus processos conscientes. Em todo caso o pesquisador sabe que os motivos reais, principalmente os motivos mais pessoais, da maior parte das atuações dos sujeitos,

não costumam passar para os documentos pessoais, principalmente se estes são públicos. Daí que quase sempre a análise de motivos ocorra a partir da aceitação de que esses motivos são as razões contadas (e não necessariamente as únicas razões existentes).

3. Críticas certas e que devem ser levadas seriamente em conta.
Nesse grupo de críticas, Allport observa apenas uma: o fato de que em muitos dos sistemas de trabalho com documentos pessoais a conceitualização é arbitrária ou predeterminada pelo autor do documento ou pelo pesquisador que o analisa.
Aqui estaria, para Allport, o principal risco metodológico no trabalho com os documentos pessoais: provavelmente o pesquisador possa utilizá-los para avaliar aquela teoria que ele previamente elaborou e com a qual chega à análise do material.
O procedimento legítimo da conceitualização de um material só pode surgir de uma adequada e dialética interação entre o que são em si mesmos os fatos ou os textos analisados e o que proporciona a teoria, isto é, entre indução e dedução. Se o pesquisador guia a leitura dos textos desde a teoria, sua visão do material aparecerá condicionada pela postura de partida. Se o pesquisador vai aos fatos sem teoria só encontrará neles um universo de dados inabordáveis e, com freqüência, caótico.
Em todo caso, parece claro que não há um critério geral de análise que nos garanta que a interpretação de um texto seja uma e apenas uma. Parece claro que, qualquer que seja a interpretação, dependerá da particular interação entre dados e teoria que ocorra em cada caso sendo tal interpretação uma das várias possíveis.

Pois bem, essa é a situação que o diário ocupa como documento pessoal. Tratei de recolher algumas das características conceituais e das condições metodológicas que são atribuíveis aos documentos pessoais no âmbito da pesquisa em ciências sociais. Como já observei em cada caso, muitas das prevenções e considerações que se fazem em relação a esse tipo de material não são diretamente aplicáveis aos diários. Não o são menos no contexto da pesquisa que nós estamos desenvolvendo neste momento. Seriam no caso de que tratássemos de chegar por meio dos diários a outro tipo de objetivos: por exemplo, elaborar um modelo que refletisse os usos habituais dos professores na hora de elaborar seu discurso sobre as aulas (nesse caso teríamos de responder às condições de representatividade a que se refere repetidamente), ou se mediante os diários quiséssemos chegar aos fatos objetivos que realmente ocorrem nas aulas, cuja versão pessoal do professor conhecemos pelo diário (nesse caso teríamos de completar os dados do diário com observações diretas da aula e o manejo de outros tipos de materiais documentais, etc.).

No próximo ponto, analisarei mais detidamente os diários como instrumento de pesquisa com os professores.

O DIÁRIO COMO INSTRUMENTO DE ANÁLISE DO PENSAMENTO DO PROFESSOR

O sentido básico do diário no contexto deste livro é se tornar um *espaço narrativo* dos pensamentos dos professores. O que se pretende explorar por meio do diário é, estritamente, o que figura nele como expressão da versão que o professor dá de sua própria atuação em aula e da perspectiva pessoal da qual a enfrenta.

O Diário como Documento de Expressão Pessoal do Professor

No diário o professor expõe, explica, interpreta sua ação diária na aula ou fora dela. Nesse sentido, o âmbito a que o diário pode se referir varia de umas pesquisas para outras: Yinger e Clark (1985) utilizaram-no, por exemplo, como instrumento para explorar as atividades de planejamento dos professores; nós, como expressão geral de seu trabalho na aula, etc.

Yinger e Clark (1985) relatam a forma como eles introduziram o tema dos diários em suas pesquisas. Parece-me interessante mostrar aqui sua experiência, porque é um processo quase paradigmático.

Esses autores contam que inicialmente seu sistema de trabalho se baseava no uso do *thinking aluod*, mas isso levava tanto tempo (a realização das gravações dos relatos verbais, as transcrições, a análise, etc.) que acabaram substituindo-o pelos diários de aula dos professores pesquisados. Pediu-se aos professores que recolhessem no diário, o mais amplamente que pudessem, o que tinham pensado enquanto realizavam seu planejamento.

Quer dizer, o diário foi incorporado a seu repertório metodológico como um substitutivo mais econômico que o *thinking aluod*, mas com os mesmos propósitos (no fundo, o que acontecia era que passaram para os professores a carga de trabalho que esse método supunha para o pesquisador): *aparecia assim o diário como um* thinking aluod *escrito*.

Uma vez começado o trabalho, os pesquisadores supuseram que não seria fácil que os professores estivessem dispostos a realizar o grande esforço que é ter de anotar as idéias que iam cruzando por sua mente enquanto planejavam (a dificuldade de planejar, e de fazê-lo dentro de um contexto de pesquisa no qual essa operação havia de ser analisada, o que exigia planejar com extremo cuidado, tinha de se acrescentar a de escrever os próprios pensamentos). Estavam dispostos, portanto, dentro do processo de pesquisa, a dedicar um grande apoio e estímulo aos professores para animá-los a escreverem os diários. No entanto tiveram uma dupla surpresa:

- Embora, no começo, tenha sido um pouco duro para alguns dos professores envolvidos na pesquisa, rapidamente todos eles se sentiram muito cômodos trabalhando com o diário e não foi necessário nenhum dos recursos de apoio previstos: "os professores começaram a trabalhar sozinhos e necessitaram de muito pouco apoio dos pesquisadores";

- Os professores foram percebendo a riqueza intrínseca do diário para se inteirarem de sua própria atuação. Quer dizer, o diário passou de instrumento da pesquisa a instrumento para eles mesmos (viam que o trabalho reflexivo do diário lhes servia para aclarar suas idéias; participar da pesquisa passou a ter para eles importantes repercussões pessoais):

> para quase todos os professores, escrever o diário se tornou um valioso instrumento para seu planejamento e ensino. Ler e refletir sobre o que eles tinham feito se tornou, para muitos, num poderoso meio de desenvolvimento profissional (Yinger e Clark, 1985, p. 3).

Mais adiante, quando descrever o processo de pesquisa seguido por mim, se verá como essa inesperada conseqüência com que se depararam Yinger e Clark, ao trabalhar com diários, também se apresentou para nós. O diário é um recurso certamente difícil, pelo que implica de continuidade no esforço narrativo, pelo que supõe de constância e possibilite o escrever após uma jornada de trabalho nas aulas (nesse sentido nosso uso do diário, realizado em uma fase posterior do ensino, ainda implica maior esforço que o dos professores que trabalham com Yinger e Clark, que o redigem antes de dar as aulas), pelo esforço lingüístico de reconstruir verbalmente episódios carregados de vida. Mas uma vez que os professores se "metem" na dinâmica do diário encontram, de modo geral, muito sentido e uma grande utilidade para eles mesmos e, a partir desse momento, o diário costuma ultrapassar em muito os propósitos iniciais do pesquisador (o professor o utiliza como algo seu e para ele).

Voltado para o sentido que quis dar aqui aos diários como recurso para se chegar ao pensamento do professor, cabe destacar pelo menos quatro dimensões que os tornam um recurso de grande potencialidade expressiva:

a) o fato de que se trata de um recurso que requer escrever;
b) o fato de que se trata de um recurso que implica refletir;
c) o fato de que se integre nele o expressivo e o referencial;
d) o caráter puramente histórico e longitudinal da narração.

Quanto ao primeiro aspecto, o diário como documento escrito, Yinger (1981) escreveu amplamente sobre ele. O argumento de Yinger é que o fato de escrever implica toda uma série de operações que o aproximam muito do processo de aprender (autores como Emig, 1977, observam-no explicitamente: "Writting as a mode of learning" é o título de um de seus artigos). Yinger (1981, p. 2) cita sobre isso toda uma série de *slogans* que estão na experiência comum das pessoas e que registram as grandes possibilidades do fato de escrever:

se você quer realmente aclarar seus pensamentos, trate de escrevê-los...
nunca me dei conta do que sentia realmente até que tratei de expressar meus sentimentos por escrito.
pensei que o entendia até que me pus a escrevê-lo.

Yinger considera quatro características do escrever especialmente importantes desde a perspectiva do diário:

1. O processo de escrever é multirrepresentacional e interativo.
   No desenvolvimento da narração escrita, o escritor maneja diversas formas de acesso à realidade: faz, pensa e lida com imagens (olhos, mãos e idéias trabalham simultaneamente e em interação). De alguma maneira o ato de escrever força quem escreve a expressar em símbolos um conhecimento e algumas lembranças que haviam sido representados originariamente (e armazenados na memória imediata) de um modo diferente. Nesse sentido, fala-se de representação (apresentação da experiência de um modo e em códigos diferentes). Nas já clássicas teorias dos hemisférios cerebrais, ambos os hemisférios participam na tarefa de escrever: um, no processo de recriação da experiência em que intervêem as emoções e a intuição; o outro, no processo de organização dessa experiência em uma mensagem estruturada, isto é, na produção da síntese, do pensamento simbólico, da percepção de conjunto, etc.
2. No processo de escrever acontece um *feedback* autoproporcionado.
   Feedback no duplo sentido de reforço e informação.

   > Se, à medida que escreve, a gente lê as palavras que acaba de escrever, percebe que tais palavras dizem se se comunicou ou não o que se queria comunicar. Os propósitos e os objetivos íntimos de quem escreve, os componentes expressivos da escrita, proporcionam um modelo de pistas para o contraste e a comparação. [...] O fato de que a escrita recolha e mantenha pensamentos e sentimentos, torna os produtos escritos algo disponível como documento da evolução e desenvolvimento desses pensamentos e sentimentos (p. 6).

   Como ao escrever temos imediatamente o resultado (processo e produto da escrita praticamente se sobrepõem), isso cria um processo cíclico de criação-revisão, de saída e entrada de informação sobre nós mesmos e sobre o que estamos escrevendo.
3. Escrever requer uma estruturação deliberada do significado.
   Toda aprendizagem (pelo menos o significado) requer que se estabeleçam conexões e relações entre a nova informação e o que já se conhece. O ato de escrever requer o estabelecimento contínuo desse mesmo tipo de conexões e de manipulação da informação. Como observou Vygotsky (1962, p. 100): "a escrita requer uma semântica deliberada e uma sintaxe deliberada no seio de uma rede de significado". Isto é, ao escrever, o

escritor não pode deixar de manipular explícita e sistematicamente os símbolos que utiliza. Não se pode escrever (pelo menos um diário) de maneira mecânica e inconsciente. O significado, na escrita, não pode se sustentar em apoios não-verbais ou paraverbais como acontece na linguagem verbal: nesse caso, é unicamente a própria semântica e a sintaxe da narração que suportam o significado das mensagens.

4. A escrita é ativa e pessoal.
Toda escrita por sua própria natureza supõe um envolvimento pessoal (cognitivo e motor). Quanto ao diário escrito, é principalmente o envolvimento cognitivo que é relevante e construtivo do pensamento: deve se estruturar, organizar, reler, refletir, modificar, etc. É pessoal, além disso, no que se refere à própria semântica da narração: os temas são selecionados pelo autor, que é, além disso, quem define o sentido do texto e expressa a informação para que esta tenha sentido para ele. Quem escreve o diário não só transporta seu pensamento para a narração como o faz em um ritmo próprio: "o discurso escrito", observaram Luria e Yudovich (1971, p.118),

> está estreitamente relacionado com a inibição das conexões simpátricas imediatas. Implica um processo de análise e síntese muito mais lento, repetidamente mediatizado, o que torna possível não só que o pensamento desejado se desenvolva como, inclusive, retorne a passos anteriores e dessa maneira transforme a cadeia seqüencial de conexões em uma estrutura simultânea e auto-revisada. A linguagem escrita representa um novo e poderoso instrumento de pensamento.

Dessa maneira, o próprio fato de escrever, de escrever sobre a própria prática, leva o professor a aprender por sua narração. Ao narrar sua experiência recente não só a constrói lingüisticamente como a reconstrói como discurso prático e como atividade profissional (a descrição se vê continuamente ultrapassada por proposições reflexivas sobre os porquês e as estruturas de racionalidade e justificação que fundamentam os fatos narrados. Quer dizer, a narração se transforma em reflexão).

A reflexão como dimensão constitutiva dos diários é o segundo grande aspecto a ser destacado. Basicamente toda minha concepção da didática está montada sobre o princípio da reflexão e o que isso implica por considerar o professor e os alunos como agentes conscientes do processo de ensino.

Como observei anteriormente, o próprio fato de que o diário suponha a atividade de escrever traz consigo o fato da reflexão como condição inerente e necessária. Como disse Bereiter (1980), a escrita desenvolve uma função epistêmica em que as representações do conhecimento humano se modificam e se reconstroem no processo de serem recuperadas por escrito. As unidades de experiência relatadas são analisadas ao serem escritas e descritas de outra perspectiva, são vistas sob uma "luz diferente". É a idéia do "distanciamento" brechtiano: o personagem que descreve a experiência vivida se dissocia do personagem cuja experiência se narra (o eu que escreve fala do eu que atuou há pouco; isto é, é capaz de se ver a si mesmo em perspectiva, em uma espécie de negociação em três faixas: eu narrador, eu narrado e realidade).

Essa é provavelmente a melhor possibilidade do diário. Inclusive mais que a de criação de um material escrito que logo possa ser analisado pelo pesquisador. É o diálogo que o professor, por meio da leitura e da reflexão, trava consigo mesmo em relação à sua atuação nas aulas.

A reflexão é, portanto, um dos componentes fundamentais dos diários de professores. Nos diários, essa reflexão se projeta em duas vertentes complementares, que, seguindo a terminologia de Jakobson (1975), poderíamos denominar vertente referencial e vertente expressiva:

- Uma *reflexão sobre o objeto narrado*: o processo de planejamento, o andamento da aula, as características dos alunos, etc. (a semântica da narração variará em função da ordem que delimite o espaço a apresentar e o propósito do diário). Nos diários, como nas entrevistas, são freqüentes as descrições sobre a situação da escola em que os professores desenvolvem suas tarefas, sobre as características dos alunos, sobre os aspectos objetivos do andamento das aulas, etc. Refiro-me a isso ao falar do componente referencial dos diários.
- Uma *reflexão sobre si mesmo*, sobre o narrador (o indivíduo como ator e, portanto, como protagonista dos fatos descritos, e como pessoa e, portanto, capaz de sentir e sentir-se, de ter emoções, desejos, intenções, etc.). É o que denomino componente expressivo dos diários.

Escrevi (Zabalza, 1986, p.5):

> Se, em nível geral, o diário constitui uma leitura da realidade das aulas, nessa leitura se integram, de maneira bastante dialética, o componente leitor e o componente realidade lida. Em alguns diários prevalece intensamente a dimensão leitor (estão mais saturados da função expressiva: visão poética, analógica, autoreferências emotivas, leitura da realidade desde si mesmo e desde as reações que lhe provoca ou desde experiências pessoais análogas, etc.). Em outros diários predomina a dimensão realidade (estão mais saturados pela função referencial: descrições do que se faz, dos programas que se seguem, narrações objetivas de como são e como ocorrem as coisas em aula, etc.). Também existem casos mistos, em que o diário aparece como uma mescla (com diversas proporções conforme os dias narrados) de aspectos expressivos pessoais e aspectos descritivos.

O envolvimento pessoal na realização do diário é, portanto, multidimensional e afeta tanto a própria semântica do diário (nele aparece o que os professores sabem, sentem, fazem, etc. assim como as razões pelas quais o fazem e a forma como o fazem: isso é na verdade o que torna o diário um documento pessoal) como o seu sentido (o diário é, antes de mais nada, algo que a pessoa escreve desde si mesma e para si mesma: o que se conta tem sentido, sentido pleno, unicamente para aquele que é, ao mesmo tempo, autor e principal destinatário da narração).

O último aspecto destacável do diário é seu caráter longitudinal e histórico. Esse aspecto o diferencia e lhe dá vantagem sobre o resto dos documentos pessoais que são pontuais (cartas, documentos sobre momentos específicos, etc.) ou constituem reconstruções de períodos vitais desde momentos distantes aos fatos narrados (biografias, entrevistas, histórias de vida, etc.).

O diário vai estabelecendo a seqüência dos fatos desde a proximidade aos próprios fatos. Dois aspectos são destacáveis nos diários do ponto de vista da diacronia:

a) Por um lado, a narração percorre um prolongado período de atividades. Com isso, a perspectiva que se oferece dos fatos é uma perspectiva longitudinal que permite observar como os fatos evoluem. Muitas das circunstâncias que caracterizam a dinâmica de ensino das aulas e da atuação dos professores são evolutivas (destaquei no Projeto as finalidades equivalentes como uma das características das realidades sociais como a aula: os fenômenos evoluem não em função dos *inputs,* mas em função do próprio processo dinâmico dos ditos fenômenos).
b) Por outro lado, o diário apresenta a característica da segmentação do período geral (o conjunto do período narrado) em segmentos temporais unitários: o professor conta todo dia o que aconteceu e, depois, não escreve até a próxima vez, introduzindo hiatos temporais na narração. Isso evita o viés da perspectiva homogênea de análise dos dados. Quando a pessoa escreve sua autobiografia em um período narrativo unitário, toda a narração é feita a partir de uma perspectiva bastante homogênea, a qual corresponde ao momento em que se escreve (assim, por exemplo, a pessoa reconstrói sua história desde a perspectiva do momento atual, ainda que com toda probabilidade a perspectiva com que atuou em cada momento não tenha sido essa, sem falar também que a dita perspectiva foi variando com o tempo, coisa que não se evidenciaria na narração).

No diário, se percebe não apenas o transcorrer da ação como – o que é mais importante, já que se trata de estudar o pensamento do professor – a evolução do pensamento dos professores ao longo do transcurso do período que cobre o diário. Nesse sentido, o diário conserva a seqüência, a evolução e a atualidade dos dados recolhidos. Voltada especificamente para o estudo dos dilemas, essa evolução da perspectiva (raciocínios, enfoques, atitudes, atuações, etc.) do professor que o diário recolhe é fundamental.

Garantias Metodológicas no Trabalho com Diários

Em um ponto anterior (ao apresentar o tema geral da pesquisa qualitativa e depois as características dos documentos pessoais no âmbito da pesquisa), apontei algumas dessas salvaguardas. Gostaria, aqui, de me referir mais explicitamente às questões mais especificamente relacionadas aos diários.

Acho que é importante levar em consideração dois tipos de salvaguardas: por um lado, as *salvaguardas técnicas* e, por outro, as *salvaguardas de contextualização pragmática*.

As garantias técnicas se centram, principalmente, na validade dos diários. Validade que se centra, por um lado, no problema da representatividade (não de amostra, mas de significatividade) das unidades textuais recolhidas pelo diário e, por outro, na incidência da reatividade no processo de elaboração do diário. Naturalmente, como em toda pesquisa, o tema da confiabilidade e da constância dos próprios dados e das análises que sobre eles se realizam é também um ponto importante, mas nisso os diários participam das condições do conjunto dos documentos pessoais e sobre isso já houve muitas referências em pontos anteriores (características da hermenêutica, processos de interpretação, análise de dados, etc.).

Em relação à validade-representatividade, o tema afeta os diários de uma maneira bastante similar a como afeta o conjunto das pesquisas qualitativas. Já observei anteriormente que a questão, pelo menos em nosso caso e no momento atual da pesquisa, não se apresenta em termos de representatividade de amostra nem de generalização. Apesar disso, o tema da validade continua sendo uma condição básica em dois sentidos:

1. quanto ao nível de *naturalidade* versus *artificialidade* das operações e dos conteúdos envolvidos no processo de elaborar o diário e no que se refere a seu próprio conteúdo.

   Em termos simples, a questão que não se pode deixar de lado, para quem trabalha com diários, é a que o diário responde e o que nele se conta: o processo reflexivo que torna possível o diário reflete uma conduta habitual do sujeito ou é somente uma resposta conjuntural à necessidade de escrever o diário; os conteúdos que o diário transmite têm correspondência com o que é o andamento habitual das aulas ou mais com uma "reconstrução" para o diário; até que ponto o diário reflete ou, pelo contrário, altera o andamento "normal" dos professores e de suas aulas?

   Em nível mais geral, a questão se apresenta em termos de atribuição da técnica do diário ao espaço das *técnicas naturalistas* (observar-recolher uma situação sem alterá-la) ou ao espaço das *técnicas convencionais* (a informação que se coleta é a resposta dos sujeitos a uma situação artificial, a situação de prova).

   Possivelmente a disjuntiva possa ser apresentada em termos de diversas modalidades de pesquisa que implicariam a elaboração de distintos tipos de diário:

   - Se utilizamos o diário para recolher o pensamento habitual dos professores no desenvolvimento de suas aulas, não interessará muito que o instrumento não altere de maneira substancial a realidade que por meio dele queremos estudar (o pensamento "habitual" dos professores).

- Se utilizamos o diário como fonte de dados para pesquisar o andamento real das aulas dos professores que realizam o diário (o diário como documento descritivo, como fonte de informação veraz), então nos interessará muito garantir a confiabilidade dos dados que o diário oferece (que o professor não altere a realidade ao contá-la), necessitando, como salvaguarda metodológica, comparar esses dados com outros obtidos mediante a observação direta da realidade narrada.
- Se utilizamos o diário como instrumento de desenvolvimento profissional dos professores, nem uma coisa nem outra tem excessiva relevância. Se a atuação reflexiva do professor ocorre por seu envolvimento na redação do diário, bem-vinda seja (com isso, o diário já conseguiu um de seus objetivos mais importantes: introduzir o professor em um contexto de racionalidade superior ao que possuía anteriormente). Se o professor não narra, mas constrói a realidade que aparece nos diários, tampouco isso supõe um prejuízo substantivo da mensagem que o diário porta: de uma maneira ou de outra ao longo da narração (e é preciso pensar que a natureza do diário se trata de um longo processo de narrações sucessivas e distanciadas no tempo) irá aparecendo seu autêntico "estilo docente". Obviamente, isso pode não acontecer no caso de que exista uma vontade explícita e mantida, por parte do autor do diário, de "enganar" (enganar-se a si mesmo e/ou enganar ao destinatário, se o houver, do diário). Isso pode acontecer em função do contexto pragmático em que se produz o diário. Vou me referir a isso no próximo ponto.

2. Ligada ao ponto anterior está a dimensão da *reatividade* (problema comum nas pesquisas qualitativas e observacionais). Nesse sentido, o trabalho com diários se inclui no mesmo contexto paradoxal em que se inscreve o conjunto das pesquisas "naturalísticas": trata-se de observar como a pessoa atua quando não é observada.
   No caso dos diários, trata-se de que os professores escrevam os diários para trabalhar sobre eles como material de pesquisa ou de desenvolvimento profissional, mas sob a implícita pretensão de que devem escrevê-los como se ninguém fosse lê-los.

Esse é um tema importante em toda pesquisa. Mas, no caso dos diários, cabe apresentá-lo melhor desde a perspectiva do contexto pragmático em que se inclui o diário. É isso que analiso no próximo ponto.

O contexto pragmático de realização dos diários é outro ponto fundamental das salvaguardas técnicas. No tema da pragmática racional em que se inscreve o diário, se entrecruzam e vertem tanto o discurso técnico dos diários como seu discurso mais estritamente didático, isto é, tanto o sentido dos diários como documentos referentes a estratégias de pesquisa como seu sentido de processos reflexivos vinculados ao desenvolvimento profissional de seus autores.

Em boa medida, o contexto pragmático da realização do diário vem definido por três parâmetros:

1. o tipo de solicitação a que o diário responde (ou, antes, a que tipo de solicitação responde o professor que escreve o diário);
2. desde que percepção de si mesmo e do pesquisador, o professor elabora o diário (isto é, que definição da situação de pesquisa e do papel dos que nela participam enquadra a realização do diário);
3. como se resolve a dialética privacidade-publicidade em relação aos conteúdos do diário.

A questão da solicitação pode situar o diário em contextos muito diversos: pode se tratar de uma atividade inscrita em um processo de pesquisa, pode ser algo realizado por iniciativa do próprio professor, pode se tratar de uma atividade enquadrada em um processo formativo (em nosso caso, por exemplo, estamos utilizando-o nos períodos de estágio dos alunos de magistério), pode se tratar de um documento para analisar e avaliar os professores, etc.

Obviamente, os diários surgidos em cada um desses contextos apresentam algumas características muito diferentes entre si, sobretudo o fato de que o diário como tal se tornará um produto avaliável. De tal avaliação podem derivar-se conseqüências de algum tipo (positivas ou negativas) para o redator, afetando profundamente o contexto pragmático do diário e comprometendo sua validade (em todo caso, não de maneira substantivamente distinta de como a compromete em qualquer das outras técnicas de coleta de informação).

A definição da situação e da relação é também outro dos componentes desse contexto pragmático do diário e pode afetar fortemente seu sentido. O diário, nesse sentido, se torna um espaço de troca. Ao longo da narração, o professor vai travando uma "conversa" consigo mesmo e com os virtuais destinatários do relato.

O tema da reatividade de que falei antes tem, aqui, um de seus principais fatores de influência: a conduta do professor-autor do diário será mais natural quanto mais naturalmente a defina para o pesquisador com que trabalha. À medida que o pesquisador (e virtual destinatário do diário) apareça investido de forte poder e à medida que tal poder o situe em um patamar distante e avaliador (contexto judiciário) em relação ao professor (que nesse caso seria além disso a parte fraca, o avaliado, e, no sentido simbólico, inclusive "réu") a naturalidade do diário obviamente decai. Em muitos casos, o autor do diário se vê, consciente ou inconscientemente, impelido a elaborar um discurso bem artificial e muito autojustificativo.

A esse respeito, o diário tem de ser situado teoricamente no marco do interacionismo simbólico e da pragmática comunicacional. Há sempre no diário um jogo relacional em ação, uma negociação de expectativas: primeiro entre o autor e sua obra, depois entre o autor e o destino real ou percebido de seu produto. E essa troca nem sempre acontece em termos lógicos e explícitos; nele interagem evidências e perspectivas subjetivas, certezas objetivas e sensações pessoais à margem de e inclusive contra tais certezas (à margem, portanto, de qual seja o fundamento real: essas sensações funcionam como "fantasmas" difíceis de eliminar).

Esse mundo da transação simbólica de expectativas está muito arraigado na pesquisa educativa e constitui um dos pontos de condições mais determinantes em que se desenvolvem as relações pesquisador-professor. E como já disse, dada sua natureza etérea e alógica, não é facilmente neutralizável com estratégias convencionais de negociação (apesar dos esforços de uns e outros, permanece a sensação de que qualquer estudo é uma avaliação, de que qualquer explicitação do próprio pensamento ou da própria atuação nas aulas é um risco).

A natureza particular do diário, por outro lado, tende a aumentar mais que a diminuir essa tensão implícita na pesquisa e/ou no trabalho conjunto entre "os de dentro" e "os de fora" da escola (Holman, 1980), entre pesquisadores e professores (mesmo que essa dicotomia no projeto da pesquisa não exista e explicitamente se tenha identificado o *status* de pesquisadores de ambos e a complementaridade das contribuições de uns e outros).

Outro componente do contexto pragmático dos diários é o que se refere à dialética privacidade-publicidade dos conteúdos do diário. Esse é, talvez, o aspecto que mais costuma ser destacado por aqueles que analisam de fora o tema dos diários. Em vários congressos, os colegas fizeram-me notar as implicações éticas que o trabalho com diários traz consigo, baseando-se no fato da natureza privada do documento. No entanto, apresentada a questão aos professores (depois analisarei suas respostas), não parece que o tema seja encarado em termos tão dramáticos.

No fundo, acho eu, trata-se de conceitualizar o diário não como documento privado, mas como documento pessoal (do mesmo modo seria uma entrevista, uma observação, etc.). Trata-se, também, de oferecer as garantias suficientes para saber em cada caso que tipo se oferecem *off-the-records* e que dados constituem o "corpo público" do documento.

No trabalho que estamos fazendo, as condições de uma "higienização" do contexto pragmático obtêm sempre uma atenção especial. Escrever um diário é sempre uma alternativa opcional (e optar por ela não supõe vantagem alguma, e, mais ainda, significa preferi-la a outras alternativas mais cômodas). O diário jamais entra em sistemas de avaliação. Por outro lado, a análise do diário é sempre uma análise negociada. E, em terceiro lugar, o professor, que é ao mesmo tempo o autêntico pesquisador e o principal beneficiário das análises, continua dono de seu escrito e este não é utilizado, a não ser em contextos de pesquisa e sempre de forma anônima.

Como disse, pelo menos é o que apresentam as comunicações explícitas dos professores a mim mesmo. De alguma forma, esse é um tema "resolvido".

Mais ainda, eu o apresentei explicitamente para eles nas sessões de negociação, e suas respostas foram claras a respeito. Sempre pode se fazer a objeção de que também essas respostas estavam condicionadas pelo contexto (não poderiam dizer que os afetava o fato de que alguém, eu nesse caso, fosse ler e trabalhar sobre o diário, porque isso teria significado anular o valor do diário e entrar eles mesmos em contradição) e a validade do diário se veria igualmente comprometida. Mas isso nos levaria a um encadeamento de desqualificações sem possível resposta. Em todo caso, a "não-validade" é apresentada, aqui, em termos de possibilidade e/ou conjectura técnica, enquanto que a validade é uma constância explícita.

Os Diários nesta Pesquisa: História da Pesquisa e Contexto de Elaboração

3

Um dos aspectos que é necessário descrever antes de oferecer os resultados da pesquisa, a partir do que vimos nos pontos anteriores sobre as condições exigíveis para o trabalho com diários, é o *contexto de elaboração* dos diários.

Nos pontos anteriores ficaram claros, espero, os parâmetros teóricos e epistemológicos em que se inscreve o trabalho com diários. Aqui, pretendo explicar como se desenvolveu especificamente o trabalho para que se possa entender e se avaliar a pesquisa em seus próprios termos e, se for o caso, se possa fazer trabalhos de réplicas e negação.

O TRABALHO FOI INICIADO HÁ TRÊS ANOS

A iniciativa é de alguns professores em exercício que cursam comigo a cadeira de didática.

> Como é bem-sabido por todos os professores de pedagogia, nosso curso costuma ser um dos caminhos preferenciais de promoção pessoal dos professores em exercício.[1] Essa situação, que em princípio parece positiva pelo que significa de esforço por parte desses alunos para melhorar sua competência pedagógica, apresenta não poucos problemas na organização docente dos cursos e no desenvolvimento das aulas, principalmente em universidades pequenas como a nossa, em que não é possível manter cursos noturnos que permitam a tais alunos integrar-se em formas estáveis de ensino universitário. Com freqüência, seus primeiros postos de trabalho os levam a lugares distantes de Santiago, e seu contato com os profes-

sores é muito esporádico, quando não se reduz, simplesmente, a recolher os "apontamentos" de algum colega e assistir as provas.

Nessa situação de forte dispersão da atenção e esforço pessoal entre o que é o próprio trabalho profissional e o que é o acompanhamento do curso, é freqüente que os "professores-alunos" tenham de enfrentar um campo de fortes tensões pessoais e que, em alguma medida, sua exigência em relação ao currículo universitário reúna características diferenciais em relação ao grupo regular de alunos "freqüentadores" (os alunos-alunos).

No caso específico do trabalho em didática, esse desvio da exigência é provavelmente mais forte que em outras disciplinas: não os satisfaz muito um programa pensado para alunos que não tiveram nenhum contato com a escola e que, portanto, apresenta os temas de forma bastante genérica e "acadêmica". Também não os satisfaz, nesse caso devido à escassa disponibilidade de tempo, se verem sobrecarregados por trabalhos acadêmicos a que costumam atribuir pouco valor (resenhas, realização de estágios distantes de sua situação profissional atual, etc.). Digamos que ambas as características da situação dos professores-alunos no curso de didática constituem o referencial da proposta de alguns deles a que antes referia.

Em termos simples, a proposta que me fizeram foi que prefeririam substituir os trabalhos convencionais do grupo de alunos-alunos por um tipo de trabalho de que eles pudessem tirar vantagens para seu próprio trabalho. *Foi nesse momento que começamos a falar dos diários.*

Sem ter ainda uma idéia muito clara, o programa de trabalho foi, pouco a pouco, se definindo ao se analisar diferentes perspectivas desde as quais a disciplina, por um lado, e a linha de trabalho e pesquisa em que eu mesmo estava envolvido nesse tempo, por outro, podiam ser plataformas construtivas voltadas para seu desenvolvimento profissional. Pensamos que o diário podia ser um bom instrumento de trabalho, capaz de unir a utilidade acadêmica à profissional.

Desde o primeiro momento, ficou claro que a opção pelo diário era exatamente isso, uma opção a que podiam recorrer se o desejassem aqueles professores que, estando em exercício, queriam trabalhar sobre sua própria prática em vez de sobre as outras atividades de aplicação que o grupo regular de alunos desenvolvia. Ficou igualmente claro que o diário não seria avaliado (a única coisa que se levava em conta era o fato de que se optava por fazer o diário: isto é, avaliava-se o fazer um trabalho prático, visto que era um requisito da disciplina, mas não o produto que finalmente se realizava). Essa distinção pode parecer excessivamente sutil e equívoca, mas penso que supôs a primeira fase de negociação da pesquisa e que ficou suficientemente claro para nós todos. Quem não desejasse fazer o diário podia optar pelas outras modalidades de trabalho prático propostas na cadeira (todas elas sem dúvida muito mais "cômodas" que fazer o diário: realmente, do grupo total de alunos-professores apenas 6 ou 7 preferiram esse trabalho, o resto seguiu o andamento normal da aula). Em todo caso, nem o diário em seu conjunto, nem seus conteúdos, nem se estava bem ou não o que o professor contava que fazia em suas aulas, etc., era tema avaliável. O compromisso era fazer um diário, não que este respondesse a determinados padrões de qualidade ou desenvolvimento formal.

Esta é, penso eu, uma primeira questão importante na hora de situar os diários em seu contexto: *no meu caso, se trata de um contexto acadêmico com tudo o que isso pode ter de entraves e de possibilidades.*

Uma segunda questão importante foi a delimitação da solicitação a partir da qual iam se fazer os diários. Devido à origem e ao sentido dos diários, não se explicitou nem se fechou a solicitação. Ficou totalmente aberta para que cada professor enfrentasse a tarefa de fazer o diário de uma maneira pessoal (no fundo, para que cada um pudesse refletir no diário sua própria perspectiva do ensino).

A proposta inicial foi, portanto, trate de anotar no diário o que lhe pareça importante do que acontece em sua aula.

Como nossa intenção não era tanto comprovar como acontecem determinados tipos de processos nas aulas nem comprovar como o fazem os professores que elaboram seu diário (isso teria significado quebrar o compromisso da não-avaliação), não necessitávamos de uma estrutura homogênea na confecção do diário nem nos temas que cada professor incluísse na narração. Antes, pelo contrário, pareceu mais interessante dar liberdade total, de modo que pudéssemos analisar por meio dos diários:

a) como funcionam realmente os diários (que possibilidades têm como instrumento de registro da dinâmica das aulas);
b) que tipo de "seleção de eventos" fazem os professores que participam da experiência: que aspecto da dinâmica de suas aulas, e de sua própria experiência profissional, destacam (pelo menos implicitamente, já que centram nela a narração) como mais relevante na aula.

Alguns dos professores participantes falaram da conveniência de observar os aspectos quantitativos materiais do compromisso (aí se reflete de alguma maneira que os princípios acadêmicos da quantidade permaneceram ocultos apesar da salvaguarda pretendida) e se chegou ao acordo de que bastaria registrar dados de dois dias por semana, procurando que os dias variassem de uma semana para outra. Nenhuma outra limitação foi estipulada no programa. Mas inclusive esta não foi levada em conta, e alguns professores construíram seu relato diariamente, saltando aqueles dias em que, por cansaço ou outras ocupações, não foi possível realizá-lo. Em todo caso, essa circunstância não afeta a estrutura nem o conteúdo do diário, pois a narração se mantém durante um tempo suficientemente longo (quatro meses no mais curto e um ano letivo no mais amplo).

Com essa proposta geral, os professores começaram a trabalhar. A idéia era que a cada mês tivéssemos uma entrevista para comentar o diário (a realização do diário, os problemas que apresentava, etc., não seu conteúdo: eu não tive acesso ao diário até sua conclusão). Nessas entrevistas nunca se propôs modificação alguma da solicitação inicial: qualquer proposta que os professores faziam era aceita sem discussão. As entrevistas serviram principalmente para garantir o contato entre mim e eles: nesse sentido, o diário se transformou, durante toda a etapa de elaboração, em um espaço de encontro, em algo que tínhamos em comum e que definia um modo relacional muito diferente do que costuma ser habitual em relação aos alunos que realizam trabalhos normais de aula.

Provavelmente esse seja outro dos aspectos definidores do contexto de elaboração dos diários. Minha posição, como "virtual" pesquisador de escrivaninha, e a deles como pesquisadores de campo se completaram "otimamente". Entendo que, como já observei anteriormente, o contexto acadêmico do programa (no que tem de estrutura assimétrica professor-aluno e de "fantasmas" referentes ao poder-saber do professor universitário) não desapareceu nunca, pelos menos com alguns dos participantes. Realmente (mostrarei depois) em algumas passagens do diário aparecem claras referências ao "leitor", uma espécie de diálogo comigo tratando de explicar-justificar por que fazem o que contam estar fazendo, ou para indicar como nesse momento estão pondo em prática algo que havia se trabalhado teoricamente na aula de didática.

Quero notar com isso que a pragmática relacional foi correta em termos gerais, ainda que sempre dentro de suas limitações. E me aprece importante levar em conta tais limitações porque sem dúvida introduzem um condicionamento importante (ao nível de conjectura, pelo menos) no processo geral do trabalho. Acho que não influiu em absoluto nos resultados finais do trabalho, e os professores envolvidos assim o confirmam na entrevista de negociação. Mas, sem dúvida, outros pesquisadores com experiências similares podem ter opiniões contrárias a respeito. Por isso, considerei importante explicitá-lo aqui da maneira mais clara possível: estou de acordo com Erickson (1986) em que um dos compromissos do pesquisador qualitativo é observar pistas de desqualificação que possam afetar seus trabalhos, de maneira que subseqüentes réplicas possam levá-las em conta.

Disse isso para especificar o contexto de elaboração, passarei a explicitar o desenvolvimento geral do trabalho e sua estrutura metodológica.

Os professores desenvolveram seus diários durante o ano acadêmico com essas intermitentes visitas de "comentário" e diálogo sobre a experiência, das quais normalmente saíam reforçados e com mais ânimo para continuar. Pelo mês de maio, entregaram seus diários (alguns já os haviam entregado "por partes", anteriormente). Minha primeira análise foi feita durante esse verão e em parte do ano letivo seguinte, momento em que também foram se intercalando as entrevistas de negociação.

Talvez seja importante destacar que, quando realizamos as entrevistas de negociação, os professores-autores dos diários já não eram meus alunos e, no caso da segunda entrevista, alguns já tinham acabado o curso, de modo que o contexto acadêmico, pelo menos de maneira formal, havia deixado de existir como estrutura condicionante.

Nessas entrevistas (em uns casos foram uma, em outros duas e no caso que analiso mais profundamente foram muitas) levantávamos várias questões:

a) *questões referentes aos próprios diários em si* (é preciso lembrar que um dos objetivos da pesquisa é estabelecer as virtualidades dos diários como instrumentos de pesquisa e desenvolvimento pessoal). Os professores expressam sua opinião sobre o valor de fazer o diário, se contribui com alguma coisa, se compensa o esforço, se sua validade se vê comprometida pelo fato de que vai ser lido por alguém, inclusive se essa pessoa é um professor, etc.;
b) *questões que se referem à sua forma de dar aula*. Entramos em uma espécie de "estimulação da lembrança", de maneira tal que algumas das questões apresentadas na narração são recriadas explicitando-se os porquês e os para quê;
c) *questões que se referem às inferências* que apresento sobre sua perspectiva geral do ensino e sobre os dilemas que, na minha opinião, aparecem no diário.

Nessas entrevistas de negociação, são revisadas as questões apontadas. De modo geral, pelo menos até hoje, não houve grandes desacordos, embora a contribuição dos professores tenha permitido que muitos aspectos do trabalho adquirissem todo seu sentido. No caso do professor cujo diário analiso aqui em profundidade, foi ele que me sugeriu a existência de algum dilema que eu não tinha observado e que ele, ao revisar comigo o texto, identificou em sua atuação.

Estamos seguindo o mesmo processo em toda a linha de pesquisa em que se inscreve este trabalho, principalmente no que se refere às entrevistas em profundidade: trabalha-se o texto e volta-se aos professores para negociar com eles os resultados da análise. Em geral, os professores modificam pouco as avaliações do pesquisador (talvez pouco acostumados a esse tipo de trabalho) e se encontram perfeitamente refletidos nelas (ficando muito gratamente surpresos com a congruência de seus pensamentos, vistos agora de uma nova perspectiva).

A contribuição e o envolvimento dos professores costumam mudar muito a partir desse momento, talvez pelo reforço que supõe se ver "cientificamente" refletidos em um quadro de conteúdos, talvez porque seja então que se dissipam mais plenamente as suspeitas em relação à pesquisa (fica claro que se trata de explorar com ele o que ele pensa, e não em avaliar seus pensamentos). Tanto a primeira entrevista como a segunda melhora substancialmente a coerência interna dos dados e inferências iniciais do pesquisador.

Voltando à história da pesquisa que apresento aqui, meu contato com os professores acabou com a realização das entrevistas. Mesmo que vários deles tenham se mostrado desejosos de continuar escrevendo o diário de aula, desconheço se mantêm seu propósito neste momento.

O professor cujo diário analiso mais profundamente continuou em contato comigo, e seu diário se transformou em material sobre o qual ainda continuamos trabalhando em conjunto. Ele mudou de destino e de nível de ensino, como se verá na análise posterior, o que nos deu, além disso, a oportunidade de ver como evoluíram sua perspectiva pedagógica e seus dilemas ao mudar de contexto, de nível escolar e, inclusive, de desenvolvimento profissional (agora já tem dois anos mais de experiência).

Quanto à metodologia de análise do texto das narrações, o processo seguido foi o seguinte:

1. em primeiro lugar, se fez uma leitura exploratória de todo o texto. Trata-se de uma leitura sem anotações cujo propósito é se habituar com a linha de discurso seguida pelo professor e com o universo de eventos que são registrados no diário (tipo de crianças, características da escola, dinâmica geral das aulas, etc.).
   Tal leitura prévia de familiarização evita o risco do que Erickson (1986) denominou a tipificação prematura, e dá a oportunidade ao pesquisador de ir construindo durante o percurso um esquema referencial capaz de recolher os componentes mais salientes da narração. Essa primeira leitura permite, ao mesmo tempo, ter uma imagem completa do discurso global, que evitaria uma visão parcelada e atomística das diversas unidades narrativas;
2. a seguir, uma segunda leitura, com anotações à margem e seleção de afirmações e dados relevantes do ponto de vista dos grandes campos temáticos a explorar. No fundo, se trata de extrair as repetições e os momentos críticos existentes no texto.
   Para essa fase, os diferentes tipos de diários exigem uma aproximação distinta. No caso dos diários de professores, estou utilizando um esquema de campos que Elliot (1984) tinha proposto em um seminário sobre pesquisa na ação, ocorrido em Málaga, do qual tive a sorte de participar. Para mim, tem a vantagem de que delimita espaços mais que categorias e que, ao não especificar *a priori* os conteúdos desses campos, dá oportunidade de incluir neles os aspectos diferenciais de cada diário. Os três pontos de vista a partir dos quais Elliot propunha observar-analisar as aulas são:

   a) As pautas ou *patterns* idiossincráticos da aula.
      Permitem fazer uma caracterização descritiva da aula, em nosso caso das aulas narradas no diário: dinâmica geral da aula, rotinas, modos de procedimentos no desenvolvimento das tarefas, repetições, estrutura de papéis e modos de organização, regras, etc.
      Não se trata de registrar todos os pontos possíveis em cada diário. Alguns diários insistem em alguns elementos e outros, em outros.

Essa diferenciação é precisamente a "idiossincrasia" do diário (e, portanto, do professor que o escreve).
É da análise dos padrões idiossincráticos do professor que extraio a perspectiva, quer dizer, o enfoque geral que parece presidir essa aula, a idéia em torno da qual o professor funciona como profissional. Em alguns casos, como, por exemplo, na análise do pensamento dos professores que estão desenvolvendo na Galícia o processo de integração de crianças deficientes em turmas normais (Parrilla, 1986), essa visão do enfoque geral do professor nos serviu de plataforma para inferir sua filosofia da integração.

b) Os dilemas que o professor apresenta.
Registram todo o conjunto de aspectos que o professor apresenta como problemáticos e que constroem para ele um foco constante de preocupação, incerteza ou reflexão. Os dilemas podem ser apresentados de forma explícita ou podem ser inferidos de outros comentários sobre o andamento da aula, o progresso dos alunos, etc. Do meu ponto de vista, os dilemas constituem o foco principal de atenção e é em torno de tais elementos que o diário pode desempenhar um papel importante no processo de reflexão compartilhada entre professor e pesquisador. Isso é o que me levou a centralizar esse trabalho nos dilemas.

c) As tarefas realizadas em aula.
Às vezes, os diários são muito esquemáticos em relação à descrição das tarefas (identificam-nas, mas não as descrevem, não apontam qual é seu conteúdo e a forma como se desenvolvem). Em outros casos sim, e isso permite entrar em análises mais especializadas em relação às diversas estratégias de ensino que o professor realiza em cada uma das aprendizagens pretendidas. Junto às tarefas podem se incluir todos os outros aspectos que configuram seu contexto de desenvolvimento: solicitações que o professor faz, materiais que são utilizados, seqüenciação e organização das tarefas, diferença de tarefas de uma área para outra, etc.

Em outras pesquisas com entrevistas em profundidade, dentro dessa mesma linha de trabalho, utilizamos outro esquema de análise, mas também aberto. No caso das entrevistas, utilizamos, adequando-o a nossas necessidades, o esquema que Guba e Lincoln (1982) propõem. Nesse sentido, observavam-se, em cada entrevista, as descrições, as avaliações positivas, os problemas (e/ou avaliações negativas), os princípios teóricos (idéia ou concepção geral) e os princípios práticos.

Em princípio, também os diários poderiam ser analisados dessa perspectiva.

Com isso, fica claro qual foi o processo de desenvolvimento da pesquisa. Nos próximos pontos, quero expor quais foram seus resultados no que se refere ao conteúdo dos diários.

A PERSPECTIVA DOS PROFESSORES NOS DIÁRIOS

Gostaria de abordar, agora, as contribuições específicas dos diários tal como foram aparecendo em nosso trabalho. Este capítulo se dividirá em três tópicos:

1. tipos de diários: o modo como o professor enfrenta a tarefa de escrever um diário.
2. texto dos diários: como os diários registram a perspectiva dos professores.

Para manter o anonimato, vou atribuir a cada um dos sete diários revisados neste primeiro ponto uma letra (A-B-C-D-E-F-G). A seleção dos diários foi feita ao acaso e não responde a nenhum critério prévio. Para podermos situá-los, aqui está o contexto em que os professores que os realizaram desempenham seu trabalho:

Diário A: professor de uma escola pública de EGB (Ensino Geral Básico[2]) em um bairro de La Corunha. É professor de 4ª série. Sua turma tem 32 alunos (18 meninas e 14 meninos) entre os 9 e os 11 anos. Apesar de ser uma turma do ensino fundamental, tem aulas com diferentes professores, estando a cargo do autor do diário as aulas de língua e estudos sociais. Trata-se de um professor com muitos anos de experiência.

Diário B: professora de uma escola pública de EGB situada em uma zona rural da Província de Orense. Dá aulas na 5ª série de EGB: todas as matérias.

Diário C: professora de uma escola particular situada em um povoado portuário da província de Pontevedra. Dá aulas em 5ª série de EGB: matemática e religião.

Diário D: professor de uma escola multisseriada da província de Orense. Trabalha com oito crianças, de uma classe multisseriada (1ª a 5ª séries) de EGB (um menino de 1ª, uma menina de 2ª, dois meninos de 3ª, uma menina de 4ª e dois meninos de 5ª). Obviamente, se encarrega de todas as matérias.

Diário E: professora de uma escola pública de EGB situada em uma zona rural. Dá aulas a pré-escolares. Sua turma tem 18 crianças, a maior parte com 5 ou 6 anos (apenas quatro têm 4 anos).

Diário F: professora de uma escola pública de EGB de uma zona semiurbana da província de Orense. Dá aulas para a 2ª série de EGB.

Diário G: professor de educação especial em uma escola pública de um povoado portuário da província de La Corunha. Vão passando por ele grupos de crianças das diversas séries para um trabalho especializado nas áreas escolares: pela manhã (das 10 às 11h30min) seis alunos de 5ª EGB para trabalhar com linguagem; depois (das 12 às 13h) seis crianças de 2ª e 3ª para trabalhar linguagem e matemática; pela tarde (das 15h30min às 17h30min) cinco crianças com atrasos muito sérios que vão desde a 1ª até a 4ª série (atenção generalizada: aprendizagens básicas).

Esse é o panorama geral dos professores que produziram os diários. Como pode se observar, variam bastante, tanto ao nível de localização geográfica como de situação institucional e curricular.

A partir desse momento, quando transcrever referências textuais dos professores, estas serão transcritas em tipo menor.

Tipos de Diários

A primeira coisa que surpreende o pesquisador que entra em contato com os diários é a grande diversidade de formas de aproximação e manejo do instrumento que os professores utilizam. Essa era, por outro lado, uma das expectativas da própria pesquisa: deixar a solicitação em aberto e não dar orientações de procedimento, de maneira que o próprio diário expressasse o "estilo pessoal" do professor.

Podemos destacar três tipos de diários:

a) *O diário como organizador estrutural da aula:* são diários planejados como mera especificação do horário ou da organização e da seqüência das atividades que nela vão se realizar.
Esse é claramente o caso do **diário E**. O que o professor faz é especificar, com antecedência ou *a posteriori*, o que pensa fazer ou o que fez em aula.
O diário como instrumento é pouco interessante e traz pouca riqueza informativa. Provavelmente responde à concepção do diário como requisito, antigamente exigido de modo formal dos professores, de ter uma programação de aula que podia ser pedida pelos inspetores;

b) *o diário como descrição das tarefas:* são diários em que o principal foco de atenção está nas tarefas que professores e alunos realizam em aula. Uns apresentam-descrevem as tarefas mais minuciosamente, enquanto que outros simplesmente as identificam. Às vezes, a narrativa inclui elementos do discurso do professor subjacentes às tarefas (por que as fazem, o que pretendem com elas, etc.).

Os diários **F**, **E**, **B** e **A** pertencem a esse grupo: os professores nos trazem principalmente as tarefas que propõem em aula com os alunos. O diário permite penetrar de uma maneira muito interessante no que é a dinâmica de ensino acadêmica das aulas;

c) *o diário como expressão das características dos alunos e dos próprios professores* (diários expressivos e auto-expressivos): são diários que centram sua atenção nos sujeitos que participam no processo de ensino. São muito descritivos em relação às características dos alunos (o diário é uma constante referência a nomes de alunos, ao que cada um deles faz, a como vão evoluindo, a como o professor os vê, etc.), incluem com freqüência referências ao próprio professor, a como se sente, a como atua, etc. O fator pessoal predomina sobre o fator tarefa.
Entre os diários apresentados, o diário **C**, o **D** e o **G** pertencem a esse grupo.

Esses três tipos de diário não são excludentes entre si, a não ser o caso do primeiro deles. Às vezes, me deparei com diários de tipo misto (tarefas e sujeitos). O diário **H** (em que analisarei em profundidade os dilemas no próximo capítulo) é um exemplo disso. São diários nos quais se integram o referencial e a prática pedagógica de maneira tal que o leitor pode chegar pelo diário não só ao que se faz na aula, mas a como o professor vê essa dinâmica e a como tudo isso afeta a ele e aos alunos.

Naturalmente, não se pode falar de bons e maus diários. No entanto poderíamos, sim, falar de maior ou menor nível de informação e potencialidade formativa do diário. Tanto o diário centralizado nas tarefas como o centralizado nos sujeitos pode dar oportunidade a importantes processos de reflexão e desenvolvimento profissional dos professores. E quando podemos contar com um diário misto, essa tarefa é grandemente facilitada e é quando o diário, como instrumento de acesso ao pensamento e à atuação do professor, adquire toda sua força.

Talvez, se isso é verdadeiro, em futuros trabalhos conviesse orientar um pouco mais a solicitação, de modo que os professores, já escrevendo o diário, incluíssem neles ambas as dimensões.

Uma primeira questão se apresenta ao pesquisador neste ponto: *a forma de enfrentar o diário como tarefa poderia ser transposta para a forma de enfrentar o ensino como tarefa?* Cabe pensar que os professores que focalizam o diário nas tarefas refletem nisso sua forma de lecionar, e que os que focalizam o diário nos aspectos pessoais tem nisso uma das características didáticas de seu modo de ensinar?

Pode ser excessivamente arriscado tratar de chegar a alguma conclusão. Mas sem dúvida esse é um dos pontos que interessa saber desde a perspectiva do trabalho com diários: o próprio diário como indício do estilo pessoal dos professores.

Tal questão foi apresentada por dois dos professores que escreveram. Com os diários prontos e entregues, acharam oportuno realizar um segundo esforço conjunto de reflexão sobre o que havia significado para eles a experiência de escrever o diário (vou me referir freqüentemente a esse texto, que está incluído no diário **F** e que denominarei **FH**, já que corresponde aos professores autores dos diários **F** e **H**). Pois bem, esses dois professores dizem:

> Concentrar-se no quê? Nas anedotas, nas atividades, nas interações, no pensamento do professor? [...] Nesse sentido pensamos que os diários apresentados diferem em grande medida. Pode ser devido à diferença entre a turma pré-escolar e a da 2ª de EGB. De qualquer forma, também pode se considerar um "sintoma" de algo a ser estudado em relação ao professor. Por que um professor registra aspectos totalmente diferentes dos que outro registra? Por que tentar "explicar" mais seu trabalho? (FH, p. 7.)

Comprovar essa questão exige analisar o isomorfismo entre narração e desenvolvimento das aulas por meio de processos de observação. Como, enfim, não é esse o objetivo desta pesquisa, que fique aqui anotada a questão como conjectura cujo esclarecimento acrescentará novas observações em relação às possibilidades do diário para refletir o mundo dos professores.

O Texto dos Diários

Neste ponto, registrarei os aspectos mais salientes que podem ser tirados dos sete diários e das entrevistas de negociação com os professores.

Embora as características formais e textuais de cada um dos diários exijam uma estrutura distinta do comentário-análise que pode se fazer sobre ele, vou me manter dentro dos três espaços de análise qualitativos, propostos por Elliot (1984), a que referimos antes: *patterns* idiossincráticos da narração, dilemas apresentados, referências à estrutura de tarefas.

Diário A

Característica geral do diário:

Em nível geral, trata-se de um diário notavelmente *estruturado* e *formal*. Essas características se expressam em dois sentidos:

- O diário aparece construído para responder a uma demanda específica. A proposta de realização do diário foi assumida por este professor como uma "exigência":

> Às vezes, contar essas coisas provoca uma dupla desmoralização, a que você sofreu enquanto o fato se desenrolava e o esforço que ocasiona ter de dar conta disso nesta forma de diário que se pretende e se exige. Consolo-me pensando que na próxima quarta-feira ficarei livre de tão penoso dever, já que S. José de Calasanz nos libertará disso (A, p. 14).

Essa percepção de "cumprir um dever" não diminui o valor do conteúdo em si do diário, embora certamente condicione o contexto pragmático do trabalho e prejudique sua credibilidade;

- o diário é "formal" em um segundo sentido: está muito estruturado. O "dia-a-dia" do diário está estruturado e também o curso em seu conjunto. Cada dia narrado apresenta uma estrutura fixa: a) tema da semana; b) leituras selecionadas; c) narrativa das tarefas.
  Por sua vez, o curso está claramente delimitado desde o começo da narrativa (se dizem quais objetivos, quais atividades, quais prazos, como uns períodos vão se seguir a outros, etc.).
  Em geral, concebe-se a aula e o curso como uma seqüência de fases sucessivas (os trimestres) com distintas proposições em cada uma delas (p. 2-5).
  Dentro da caracterização feita anteriormente entre diários de horários, diários de tarefas e diários de sujeitos, esse diário pertenceria basicamente ao segundo tipo. No diário, são descritas fundamentalmente as coisas que são feitas em aula em matéria de leitura. Mal aparecem os nomes das crianças, por exemplo: somente em ocasiões muito circunstanciais e sobre reflexões do próprio professor. No entanto o professor mantém uma atitude reflexiva constante. Ao abrigo das atividades de aula, vai expressando seus pensamentos e também suas emoções.
  Dessa perspectiva, apesar do formalismo e certa "desvirtualização" do sentido do diário, se trata de um diário rico para se explorar tanto o mundo pessoal como didático desse professor.

Rotinas da aula

Ao se referir somente à aula de leitura, as rotinas se confundem com a estrutura das tarefas, que analisarei em outro momento. Aparece de todas formas uma atitude favorável ao estabelecimento de linhas constantes de atuação em aula (que constitui um virtual "princípio operativo" de sua atuação):

> Acho que há ocasiões e circunstâncias em que a rotina de ação que crie um hábito de trabalho responsável não deve ser desprezada como técnica de desenvolvimento de algumas atividades provocadoras de um rendimento conceitual e como modo de reforçar a realização desse instrumento e, ao mesmo tempo, o hábito de trabalho em circunstâncias diversas.

Dilemas

Do meu ponto de vista, aparecem três dilemas fundamentais no diário desse professor:

a) O dilema entre planejamento prévio e estrito das atividades de aula e sua "naturalidade" e espontaneidade.

Por um lado, já observei que o professor apresenta as aulas de uma maneira muito organizada e planejada de antemão (pelo menos, em seus aspectos estruturais básicos: objetivos e critérios já especificados desde o começo do ano letivo, tema, conteúdos, materiais, etc.) e, por outro, um certo desejo de que o trabalho corra de modo natural, como respondendo aos interesses das crianças. O dilema às vezes também adquire uma acepção que se refere à dicotomia autoridade-autonomia.

> Tento evitar uma participação fictícia que às vezes ocorre quando um aluno pergunta pelo significado de uma palavra isolando-a do contexto. Neste sentido, devo ter repetido cem vezes já que eu não sou um dicionário, no entanto as pessoas continuam fazendo o mesmo tipo de pergunta (A, p. 9).
>
> O ambiente de aula mudou bastante desde o início do ano letivo até agora. Algumas crianças, que estavam inibidas, já sabem quantas voltas têm de dar no parafuso do professor sem que a chave de fenda escape.
>
> Portanto, é necessário manter uma certa rigidez sobre aspectos que, como as bolas de neve, se agigantariam em caso de não exercer sobre elas determinações precisas (A, p. 11).

Não aparece claramente uma apresentação do tema como dilema propriamente dito (pessoalmente me sentiria inclinado a pensar que é um dilema retórico mais que prático, surgido mais em conseqüência da escrita do diário que como conflito real na organização das aulas). Quer dizer, o dilema está resolvido em direção à estruturação prévia, desde o momento em que o professor (junto com outro colega com quem compartilha as tarefas didáticas nesse ano) tem muito claro que é o que pretende conseguir, em que prazos e que meios vai utilizar para isso.

b) O dilema entre materiais próprios e materiais comerciais.

O papel do texto selecionado para a leitura desempenha, para esse professor, uma importância fundamental. De sua qualidade e de seu interesse depende em boa parte o andamento da aula, o envolvimento dos alunos e a obtenção de bons resultados em leitura.

> (Após uma aula em que se sente muito insatisfeito, escreve:) À margem do exposto, acho que uma das razões está nos conteúdos do livro que empregamos. É por isso que tomei a decisão de preparar um texto de melhor leitura para nós, textos que se adaptem melhor a nosso objetivo e com alguns conteúdos menos tolos que os que este apresenta (A, p. 11).
>
> A leitura foi feita de forma não-significativa. É a segunda vez que acontece que a falta de entusiasmo das pessoas condiciona de tal forma o desenvolvimento que já me agonia repetir que a causa está nos conteúdos do texto e que necessito de um com urgência (A, p. 15).

(E outro dia:) À margem das desordens, a leitura foi anódina, sem entusiasmo. Sem dúvida muito da culpa é do conteúdo do texto. Repito, o livro vai indo, porque assim não pode ser (A, p. 14).

Ao falar em "o livro", refere-se a uma apostila que ele mesmo está fazendo com textos selecionados de diversas fontes. Quer dizer, enfrenta o dilema dos materiais optando por construir um material próprio e adequado aos objetivos e às características de seu projeto. Por fim, após não poucas dificuldades técnicas, "o livro" aparece e é introduzido na aula (também o anexa ao diário: trata-se de um folheto xerocado com uma série de textos e desenhos). No entanto se sente insatisfeito:

Por fim existe um livro, um pobre livro, mas livro ao fim e ao cabo. É ruim. Jamais vou fazer de novo uma coisa semelhante. Se começamos pelo material tem problemas de:

- *Manejo*: o formato fólio é inadequado para seu bom uso. A encadernação deixa algumas folhas mal-arranjadas.
- *Tipos*: alguns são inadequados por serem excessivamente pequenos ou difusos.
- *Montagem:* algumas imagens jamais deveriam ter sido selecionadas para essa função. Parecem apenas manchas que dispersam pela necessidade de interpretação que provocam. Algumas páginas estão atulhadas: por causa do tamanho da folha, da profusão de letras e da frieza das imagens, mais provocam a aversão que a simpatia por se exigir decifração.
- *Conteúdos:* já tinha tomado cuidados antes, mas ao reler vejo que há partes que estariam melhor onde as encontrei que onde se acham.

Enfim, o que está feito, feito está – e não por teimosia, mas por razões econômicas (já gastamos) e por razões de oportunidade com a programação prevista. Tentaremos solucionar a coisa da melhor forma possível (A, p. 21).

Dessa maneira, o esforço para criar materiais que resolveria o dilema não dá em nada. Pelo final do diário o professor orienta a resposta para o dilema novamente para os materiais comerciais:

Hoje, apesar dos problemas materiais já mencionados em relação ao texto e que, certamente, já resolvi para o próximo ano usando um texto perfeitamente editado e inteiramente válido para a etapa como é o de leitura da editora Casals para o ensino fundamental... (A, p. 26).

c) Dilema entre alunos adiantados e alunos com problemas.
O terceiro dilema apresenta algumas características particulares. Ao se tratar de um diário muito pouco centrado nas crianças (com freqüência usa o genérico "pessoas" para se referir a elas) e suas características, as referências a essa questão são na maioria das vezes indiretas e sobre aspectos pontuais (pronúncia, ritmo de leitura, etc.). De qualquer forma também há, às vezes, considerações gerais.

> As pessoas, em nível puramente de vocalização, têm problemas. Gaguejam em excesso (eu acho que isso se deve, pelo menos em muitos casos, à falta de confiança em suas possibilidades). De qualquer forma, será necessário estar atento àqueles casos em que o defeito não se corrija com a própria maturidade, a fim de ver as possíveis soluções que podem ser adotadas, tomando para isso as decisões que forem necessárias pela escola, ou pela família ou pelo médico (A, p. 9).

Essa proposição não é retomada no nível operativo, ou pelo menos o diário não a menciona. Quer dizer, poderia se pensar novamente que o dilema foi apresentado mais em termos de dilema geral que de dilema prático (ou, em todo caso, não se estabelecem estratégias específicas para enfrentá-lo: por exemplo, mesmo que na p. 11 se especifiquem os problemas que três alunos apresentam não há referência a se organizar atividades individuais, ou apoios individuais para eles. O tema se resolve com um "será preciso tratar esses casos com mais atenção").

Um aspecto importante na configuração conceitual desse dilema é desempenhado pelas famílias. O professor costuma atribuir as dificuldades dos alunos a suas características familiares e socioculturais:

> Durante a semana, falamos com alguns pais. As conversas são, na realidade, únicas em cada caso, mesmo que pretendamos impor determinadas formas que criamos que podem nos ajudar em relação aos aspectos gerais que se pretendem. Mas provocam otimismo ou desmoralização de uma forma radical.
>
> Como é possível que Ana possa ler bem nas circunstâncias em que vive?
>
> - Ana, você lê em casa?
> - Sim - diz a mãe. - Lê todos os dias um pouco em voz alta e eu a corrijo enquanto vejo TV.
>
> Sem dúvida a conversa não foi tão explícita, mas esse é o aspecto prático que pudemos tirar da conversa que mantivemos, e que agora, enquanto lembro a silabação pausada e desesperante de Ana, justifica tantos fatos já acontecidos" (A, p. 14).

Sua tensão em relação à influência da família e à pequena capacidade de incidência do professor sobre ela para melhorar o rendimento dos alunos parte de uma crença ou teoria implícita geral:

> (Está falando do debate entre as crianças depois que leram um conto de Tolstoi.) Apesar de o conto se referir a fatos acontecidos em um povoado russo durante a Semana Santa, houve pessoas que, de alguma forma mediatizada, chegaram a expressar que os russos eram maus. Eu estava convencido de que as feras vermelhas e outras coisas desse tipo eram águas passadas. No entanto parece que as últimas eleições estaduais geraram debates familiares em que os adultos, consciente ou inconscientemente, fizeram afirmações absolutas que de algum modo empurraram a idéia de bondade ou maldade em uma determinada direção. Tudo isso apenas reafirma minha crença de que mais de 70% da educação

das pessoas se desenvolve fora da aula e que a impregnação ideológica que isso provoca é muito mais intensa do que a que acontece dentro da aula.

De que serve ler automaticamente se a internalização que isso provoca é tão tênue? Só me anima a seguir o processo a idéia, relativamente clara, de que o mais importante que se está conseguindo é oferecer às pessoas um instrumento possível de um conhecimento seguro que poderá ser empregado quando a necessidade de realização ofereça, a quem tentar por necessidade ou prazer, alguma oportunidade.

E, enfim, pensando nisso, será mau se em um prazo de dois anos, com as concomitâncias externas mais favoráveis que possamos conseguir, não sejamos capazes entre todos de oferecer a essas pessoas esse instrumento libertador, de certo modo, das mediatizações sociais e mediatizador, de certo modo, das liberalizações sociais (A, p. 15).

Há todo um discurso sobre a escola nessa crença do professor, que o afeta tanto emotivamente como diante da organização da prática. Em todo caso, como já observei, o diário não oferece informação de como o professor enfrenta tal dilema (ou pelo menos eu não fui capaz de encontrá-lo). Poderia se dizer, antes, que o problema em si o leva a discursos gerais, ou a proposições de desejo mais que a estratégias específicas.

Estrutura de tarefas

Como o diário está centrado na leitura, o que aparece mais claramente nele é a estrutura que a tarefa de leitura costuma adotar.

A tarefa é concebida em nível geral como *tarefa comum* (todas as crianças trabalham o mesmo material ao mesmo tempo) e *individual* (ainda que no contexto de atividades coletivas: leitura por turnos, cada um ler o texto em silêncio, etc.). Mal aparecem indicações de trabalho em grupo (o faz excepcionalmente em uma ocasião: A, p. 13).

Diariamente, se trabalha um tema (o que vai se discutir no debate de sexta-feira) sobre o qual o professor selecionou algumas leituras do livro-texto (Leitura 4 de Anaya primeiro e texto próprio depois).

A estrutura da aula costuma ser:

- Leitura por turno (inicialmente seguindo a lista e depois de uma maneira mais flexível);
- Comentários em relação ao argumento (em resposta a perguntas feitas pelo professor, ou seguindo os comentários que os próprios alunos fazem);
- Ampliação do vocabulário.

A leitura se desenvolve seguindo um turno que implica a necessidade de que todo mundo a siga em voz alta e aproximadamente umas dez linhas, dependendo dos cortes argumentativos. Uma vez terminada a leitura do aluno, é feita uma série de perguntas relacionadas com os problemas de vocabulário que possam ter surgido, ou sobre o sentido do argumento, ou contraditórias com o mesmo com o fim de reafirmar a linha compreensiva dele.

À margem disso, e também com o envolvimento por turno dos alunos, se descrevem os gráficos e os desenhos que ilustram o texto, com acréscimos constantes e evitando a repetição de conceitos já expressados.

Pretende-se que em cada sessão todos os alunos leiam em voz alta e de forma natural durante aproximadamente 2 minutos, mas nas duas sessões anteriores se viu que era difícil conseguir, já que os comentários à margem, as referências pessoais, inclusive as erudições de alguns alunos, prolongaram os relatos orais (A, p. 7).

A leitura se desenvolve na forma já mencionada anteriormente, procurando-se fazer com que o maior número de alunos participe dessa atividade e que todos participem nos períodos correspondentes à expressão oral das questões de vocabulário ou de vivências.

Tento evitar uma participação fictícia que às vezes ocorre quando um aluno pergunta pelo significado de uma palavra isolando-a do contexto. Nesse sentido, devo ter repetido cem vezes já que eu não sou um dicionário, no entanto as pessoas continuam fazendo o mesmo tipo de pergunta (A, p. 9).

O desejo de que todos os alunos participem às vezes se choca com as próprias dificuldades que eles sentem com a leitura.

O nível de acompanhamento da leitura é muito relativo. Depende do conteúdo, principalmente; mas com um conteúdo similar a agilidade do que lê é fundamental na manutenção dessa atitude de atenção.

Quando quem lê o faz num bom ritmo, pronunciando quase corretamente, as pessoas não se perdem, umas porque vão em seu ritmo e outras porque vão arrastadas, obrigadas e não podem perder "o trem" que as arrastaria. Todas, em suma, nesse momento, mantêm uma atitude homogênea de acompanhamento ativo.

Quando aquele que lê soletra, retrocede e avança, se engana na fonação e na pronúncia, as pessoas se dispersam; umas se adiantam e cochilam, outras parece que se espantam com a situação e perdem o fio.

É, no entanto, mais homogênea e positiva a atitude de atenção quando não se lê e só se comenta; nota-se mais a tensão, chega a ser excitação quando as perguntas são sobre algo pessoal (A, p. 9).

Poderia se entender a questão do envolvimento dos alunos na tarefa como um dos dilemas que esse professor enfrenta em sua atividade. Em algumas ocasiões, trata de reforçar esse propósito do *time on task* por meio de desenvolvimentos complementares da leitura (por exemplo, passando da leitura para a dramatização de seu argumento: A, p. 23) ou introduzindo (permitindo ou estimulando) questões pessoais relacionadas com o argumento (por exemplo, introduzindo o tema das mudanças que algumas crianças tinham vivido recentemente ao abordar o tema do transporte). Em todo caso, ambas as situações aparecem apenas ocasionalmente no diário: não pertencem à estrutura habitual da atividade.

Outro aspecto importante na estrutura das tarefas desse professor é a *avaliação*. Refere com freqüência a ela como recurso para "ter dados" sobre como vão as coisas:

> A partir da semana que vem disporei de dados mais objetivos do que os que tenho agora para poder julgar se isso vai ou não vai.
> Já tomei a decisão de como será a prova:
>
> - uma adaptação de um conto árabe de 320 palavras publicado por Santillana;
> - e 10 perguntas de compreensão (A, p. 17).

Em duas ocasiões registra no diário a avaliação que faz dos alunos. Em ambos os casos se trata de uma prova de velocidade na leitura (as crianças vão lendo em silêncio desde o sinal que ele dá até que acabam, para anotar depois o tempo que levaram) e outra prova de compreensão (respostas a 10 perguntas sobre o texto lido).

Quanto aos materiais que esse professor utiliza, já observei que trabalha basicamente com leituras do livro-texto. Fez um grande esforço para confeccionar um mais adequado à situação, mas a tentativa não foi de todo positiva como tinha desejado, o que o levou novamente para textos convencionais das editoras. Não se menciona no diário outro tipo de materiais.

Diário B

Caracterização geral do diário

Trata-se do diário de uma professora que dá aula para a 5ª série de EGB. É um diário muito estruturado em torno das matérias específicas. A professora começa observando o horário que segue em sua jornada escolar (é um horário muito definido: dedica uma hora diária para cada uma das matérias do curso) e essa é a estrutura sobre a qual organiza sua narrativa: cada dia vai registrando o que faz em cada uma das matérias.

Em relação à tipologia de diários já descrita (diários-horário; diários-tarefas e diários-pessoais) este teria de ser situado entre os diários-tarefa em sua estrutura, como acabo de dizer, apesar de que o horário desempenha um grande papel. Em troca, chama a atenção o fato de que não aparecem os nomes dos alunos nem suas características. É um diário, básica e exclusivamente, centrado nos conteúdos e nas tarefas.

Isso não impede que ele seja um diário francamente reflexivo: a professora elabora certamente um discurso sobre sua atuação. Ao longo do ano aqui narrado vai se colocando questões, que reflete no diário (por que as crianças não falam galego, como pode se fazer para integrar os temas familiares às crianças no trabalho diário, etc.). Também com freqüência explicita seus pensamentos em relação à racionalidade de suas atuações: por que repassa a matéria de forma sistemática, por que acha interessante fazer a avaliação de determinado momento, etc.

Enfim, trata-se de um diário muito interessante, que pode dar um bom material para o trabalho com essa professora. Permitiria, principalmente, trabalhar a temática disciplinar específica e também o pensamento da professora em relação às atividades que realiza.

Por meio do diário se dá a imagem de uma aula bem-organizada, com um eixo estrutural forte, que são as diversas matérias que ela trabalha de uma maneira diferenciada. As aulas são bastante dinâmicas e, nelas, os alunos participam espontaneamente.

Dilemas

Esse diário apresenta uma característica importante em relação aos dilemas. Lampert (1985) já tinha observado (e nisso se afasta do conceito de dilema que tanto Berlak, 1981, como Elliot, 1985, utilizam) que os dilemas não tinham por que ser estruturas decisionais dicotômicas; às vezes se apresentam como simples buscas de um valor fortemente sentido pelo professor. É a tensão para esse objetivo (objetivo em si mesmo inalcançável de todo) o que configura o dilema permanente do professor: o dilema em sentido de busca insistente, de "temática" básica da atuação dos professores.

É o caso dessa professora. Ao longo de todo o diário aparecem dois temas fundamentais que enchem de sentido sua atuação no conjunto das disciplinas:

a) A incorporação dos temas que vão surgindo por iniciativa das crianças ou que são familiares à dinâmica acadêmica normal, por exemplo:

> (aula de estudos sociais. Tema: população espanhola): Nesse tema unicamente ressaltei alguns conceitos como densidade de população, emigração (esse termo as crianças conhecem muito bem, pois quase todas têm algum familiar estrangeiro. Isso supõe um ponto de partida para falar com elas acerca dos motivos que levaram essas pessoas a saírem de suas casas); população rural e urbana (a distinção entre os dois conceitos deu oportunidade para um diálogo sobre semelhanças e diferenças entre ambas as formas de vida, tanto quanto a trabalhos como a diversões, habitação, etc.). Mesmo quando tratarmos mais a fundo esses temas, prefiro falar deles quando surgem, como nesse caso, em aula, e não interrompê-los dizendo que mais em frente os veremos (B, p. 3).
>
> (Aula de matemática:) ... Alguns problemas propostos têm elementos muito conhecidos e utilizados pelas crianças, como colegas de turma, objetos de formas, cores e tamanhos diferentes que podem ser vistos em aula, etc. Outros são conhecidos mas menos utilizáveis: meses do ano, dias da semana, etc. (B, p. 4).
>
> (Religião: introduzem a análise de crenças sobre aspirações) Diante desses temas, dos quais as crianças estão bem inteiradas por ouvir sobre eles em casa, todas desejam participar e contar alguma coisa" (B, p. 5).

Essa é a idéia matriz desse primeiro dilema: a busca constante de recursos que lhe permitam trabalhar com elementos conhecidos e familiares.

b) O segundo dilema se configura em torno da necessidade de manter as crianças envolvidas na tarefa, que a realizem com prazer e que estejam entretidas.
Quer dizer, o envolvimento nela não está vinculado à manutenção da ordem, mas à motivação, a uma dinâmica cognitiva prazerosa. Não se trata, portanto, da dicotomia de estarem atentas ou alvoroçadas, mas trabalhar com prazer *versus* trabalhar mecanicamente ou forçadas. A idéia-chave ou o princípio de ação que poderia se inferir do diário seria algo assim: na escola, deve-se trabalhar duro, mas de modo agradável. Com freqüência, insiste no diário em que "o trabalho não era monótono para as crianças", que "trabalham bem". É como se quisesse se auto-afirmar nessa direção (se afirmar no sentido de elogiar a si mesma, como se dissesse: muito bem, você conseguiu outra vez isso que é tão importante para mim!).

> As crianças trabalham firmemente, pois não é excessivamente monótono para elas (B, p. 11).
>
> (Após o tempo dedicado às artes plásticas, em que estavam trabalhando com argila): Como era uma tarefa com que estavam entretidas (nem se lembraram da hora do recreio) e não acabaram em tempo (uma hora e meia), prolonguei o período, toda a manhã, para que pudessem terminar (B, p. 15).
>
> (Natureza) ...Como era uma atividade agradável, a prolongamos toda a tarde (B, p. 33).
>
> (Ed. Artística: ritmo) É uma atividade que agrada às criança, pois permite um pouco de evasão (B, p. 34). (Flauta) Isso é uma novidade para estas crianças, o que faz com que se entusiasmem e prestem maior atenção (B, p. 2).
>
> (Sociais) Prolonguei a aula até as 4h e 30min, pois as crianças não paravam de fazer perguntas relacionadas com o tema. As crianças todas entraram em um diálogo muito ativo (B, p. 34).
>
> (Religião) ... Assim, foi uma aula nada chata (para mim e para elas) e com uma participação máxima por parte das crianças (B, p. 5).

Essas seriam as duas fontes de tensão construtiva que mais claramente aparecem no diário.

Estrutura da tarefa

A terceira grande plataforma de análise dos diários é a que se refere à organização da dinâmica da aula, a configuração das atividades. Várias coisas interessantes podem ser destacadas nesse diário quanto a isso.

Em primeiro lugar, o que Shavelson (1986) denomina de configuração do cenário. O cenário da aula repousa sobre quatro elementos:

- O *quadro* (que desempenha um papel básico tanto no que implica de instrumento da professora como espaço no qual as crianças vão continuamente, e prazerosamente, conforme o diário).
- O *texto* (que desempenha também um papel básico: as crianças trabalham nele os temas propostos e fazem os exercícios que o texto apresenta).
- O *caderno* (que é onde os alunos desenvolvem praticamente todo seu trabalho).
- A própria *classe* (que é o espaço privilegiado do trabalho individual: o território pessoal).

A esse esquema básico e constante (bastante convencional em seus componentes e estrutura) se acrescenta às vezes o *pátio*, onde as crianças também desenvolvem algumas das tarefas.

Quanto à estrutura das tarefas, se repete um esquema freqüente:

a) revisão de questões anteriores;
b) explicação da professora;
c) perguntas compreensivas (para analisar o nível de compreensão);
d) exercícios do livro-texto;
e) correção dos exercícios;
f) diálogos coletivos.

As perguntas e a correção dos exercícios são freqüentemente feitas no quadro: as crianças vão uma a uma ao quadro e recebem ali os comentários de todos os outros que vão corrigindo suas respostas.

Quando se trata de tarefas de língua espanhola ou galega a estrutura se modifica ligeiramente:

a) leitura – cada aluno de seu trecho;
b) comentário;
c) leitura de todo o texto corrido (às vezes todos ao mesmo tempo em voz alta);
d) resposta a perguntas de compreensão. Às vezes se inclui a criação de uma história sobre o tema.

Outro esquema que se repete freqüentemente é:

a) fazer exercícios do texto (supõem-se que individualmente) nos cadernos;
b) corrigi-los no quadro.

A idéia de revisão da matéria é uma das constantes operativas dessa professora. A revisão é incluída como atividade que muitos dias serve de início para o desenvolvimento da aula. Além disso, a revisão também é introduzida como fase geral de exame de um período já concluído. A professora a pensa sempre como estratégia para garantir as aprendizagens prévias.

Expressado dessa maneira esquemática, pode-se pensar que se trata de uma aula bastante rígida, mas não é certamente a imagem da aula fornecida pelo diário. Mesmo que a dinâmica da atividade esteja muito baseada em rotinas (em seu sentido positivo), são introduzidas muitas inovações: se fazem murais, se preparam canções e presépios para o Natal, vão ao pátio com lupas para examinar as plantas, as crianças trazem coisas de casa para trabalhar na escola, a professora inclui às vezes trabalho sobre imprensa, etc.

O material básico, no que se refere ao trabalho acadêmico, é o livro-texto.

Diário C

Caracterização geral do diário

Trata-se do diário de uma professora que dá aulas de matemática e religião. O desenvolvimento do diário não é muito amplo, mas o suficiente para permitir destacar uma série de traços básicos da narração que caracterizariam a atuação didática dessa professora.

Dentro dos três tipos de diários que diferenciei, esse pertence claramente ao *centrado nas pessoas*. Nele, os conteúdos e as tarefas passam para um segundo plano, e são os alunos e a própria professora que se transformam em autênticos protagonistas, são quem preenchem a narração. O núcleo essencial do diário está focalizado na *descrição dos atores:* principalmente no que se refere às crianças, seus problemas, suas relações, etc.

Também a professora faz freqüentes referências a si mesma, principalmente quando se chateia com alguma coisa ou com alguém. Aparece como uma pessoa que atua e que vive pessoalmente (não apenas no nível de papel) sua tarefa educativa.

Dilemas

Nesse diário, vejo que (agora sim) os dilemas principais se apresentam como estruturas de tensões bipolares. Esses dois dilemas se centram, por um lado, na formação de grupo e, por outro, na dinâmica relacional da aula.

a) Dilema entre o afeto e o rigor por parte da professora.
É um dilema que é preciso ser apresentado como conjectura, conjectura sujeita a progressivas negociações de estabelecimento de definições com a própria professora.
A impressão que a narrativa dá é que se trata de uma professora que mistura afeto e sensibilidade (pelos estados emotivos e pelas características dos alunos) com traços de dureza. Em alguns episódios, dá a

sensação de que as crianças a consideram séria e de decisões firmes. Várias anotações poderiam esclarecer-justificar tal apreciação:

> Aurora usa mal o transferidor. Digo a ela que faça de novo para eu ver o que acontece. E, ao me aproximar para pegar o transferidor, se encolhe como se pensasse que eu ia lhe bater. Digo a ela que não tenho esse costume e que fique calma, que vou apenas ajudá-la (C, p. 2).
>
> Jesús comenta que era muito fácil com um arzinho de suficiência. Isso me aborreceu, o que me fez lhe dizer que nem tudo ia bem com ele (C, p. 2).
>
> Silvi sempre demora muito em seu trabalho. Pergunto-lhe a que se deve sua lentidão e ela fica vermelha, tensa e bloqueada. Apenas quando lhe digo ela demora porque é lenta, mas que trabalha, me responde quase sem voz que sim.
>
> Com María acontece a mesma coisa, mas esta fica a ponto de chorar e na defensiva. Parece-me que se dá conta que seu problema é mais porque se distrai que por seu ritmo lento.
>
> Bea é outra das demoradas, mas me diz que ela é lenta mesmo, sem manifestar preocupação nem reação anormal alguma em relação a como é normalmente.
>
> Maribel, em troca, me responde agressivamente (C, p. 5).
>
> Maite se mete com Jesús, atirando-lhe uma bolinha e escondendo em seguida o canudo com que a atirou. Nega que tenha sido ela e, inclusive, que o canudo seja seu. No final da aula, fico para falar com ela, e esse tempo que passa comigo a faz perder pé, pondo-se nervosa e confessando que nunca ninguém a reteve na escola e que não quer ficar. É uma menina acostumada a fazer o que quer. Vive com sua avó, de quem consegue tudo (C, p. 6).
>
> Já nos grupos, José fica na sua, mas tratando de me mostrar que não está de acordo. Os grupos estão trabalhando, e ele incomoda o seu. Vem me perguntar se pode ir ao banheiro. Digo que sim e que também pode ficar por lá se quiser, se sua atitude vai continuar sendo como até agora. Ele vai e na volta se acomoda ao grupo, funcionando bastante bem (C, p. 9).

Diante da situação de aparente rigidez, todo o diário é uma constante preocupação de como as crianças se sentem. Adquire especial relevo a idéia de "se sentir bem", que essa professora maneja como perspectiva permanente de trabalho: quer que as crianças sintam-se bem (que "se sintam bem como pessoas" costuma observar: para indicar o estar tranqüilo, cordial, sentir-se bem com os demais e com o trabalho):

> Enquanto estão trabalhando os exercícios em que têm problema, vou aonde me chamam. De repente, vejo Antonio todo concentrado, pintando sua máscara, muito bem-feita. Ao lhe perguntar por que não está trabalhando com os exercícios, se faz de desentendido, me perguntando se tinha mesmo de fazer. De um modo geral, ele está mais calmo, embora em outro momento tenha acabado brigando com Tito, que hoje não estava muito "bem", obcecado em que não sabe, que não entende, mas a

verdade é que no fundo não está tranqüilo. Antônio está mais tranqüilo consigo mesmo, mas entra no trabalho muito lentamente (C, p. 6).

Marcos esgota. Reconheço que está melhor, e que está mais sereno e centrado, mas é dos que não podem estar um momento sem dar sua opinião, sem fazer algo diferente dos demais (C, p. 8).

b) O trabalho individual e o trabalho em grupo.
Ao longo da narrativa, a professora estrutura um discurso muito individual sobre as crianças. Praticamente não há parágrafo do diário que não se refira a alguma criança específica. Mas um de seus princípios básicos parece estar direcionado a fazer com que as crianças trabalhem em grupo e se acostumem a participar de trabalhos em grupo.
De qualquer maneira, o trabalho em grupo, tornado norte didático do trabalho dessa professora, apresenta numerosos problemas em seu desenvolvimento, sobretudo porque dentro da própria decisão há outra disjuntiva interna: grupos espontâneos e grupos formados pela própria professora. Tenho a impressão de que a disjuntiva que se inicia claramente no pólo dos grupos espontâneos vai evoluindo, talvez por causa dessas mesmas dificuldades, para a configuração de grupos "guiados" por ela.

Hoje formamos os grupos de trabalho conforme o que escolhem para trabalhar. Jorge foi o único que escolheu diferente de todos. Com isso busca um dos grupos formados, e Paco diz alto que eu o troque por Josechu. Não intervenho. Ficaram como estavam e trabalharam bem (C, p. 1).

Como há grupos que ficaram muito numerosos e outros com poucos alunos, pergunto para alguns se não vêem problema em trocar. Eduardo e Gemma dizem rápido que não se importam. Eduardo parece que quer experimentar outro grupo, pois no que lhe tocou eram todas meninas. Gemma hesita para que grupo ir, e Lucía lhe faz sinais para que vá para o seu. Lucía M. e Carmen entreolham-se, como que perguntando o que fazer, e calam, acabando por ficar tudo como antes. José diz que ele quer ficar com Agustín. Digo que dessa vez vão trabalhar separados, já que temos de nos acostumar a trabalhar com todos. Reage bem, ao contrário de outras vezes.

Em geral, as meninas se conformam mais com os grupos que lhes cabem que os meninos, que protestam mais abertamente (C, p. 1).

Passamos boa parte da tarde tratando de fazer grupos e pensando qual seria a melhor maneira de fazê-los, para que todos ficássemos satisfeitos.

Manifestam dificuldade em misturar meninos e meninas. A maioria das meninas prefere grupos mistos. Os meninos não se importam que haja alguma menina no grupo se eles forem maioria.

Mercedes é uma menina rejeitada. A maioria prefere que ela não faça parte do grupo. Os meninos falam mais abertamente, enquanto que as meninas, de modo mais dissimulado.

É um grupo que não está minimamente integrado (C, p. 3).

> Chama a atenção que se reúnem para trabalhar, mas cada um faz o trabalho individualmente. Estão juntos apenas fisicamente. Dá a impressão de não terem trabalhado muito em grupo (C, p. 8).
>
> Os grupos, feitos assim, mostraram possibilidades e dificuldades. Noelia demonstra ser uma líder, mesmo estando com outros que não se deixam dominar facilmente. Iván cria dificuldade, projetando-a no grupo. Agustín é um inconsciente. Joaquín se surpreendeu porque trabalharam muito bem. Disse que tinha sido o melhor de todos os grupos em que tinha estado, e isso que no começo fez cara feia (C, p. 9).

Estrutura da tarefa

Como se trata de um diário sem referências específicas às tarefas, não dá para se dizer qual é a estrutura destas.

Várias anotações podem ser feitas, no entanto:

- A autonomia geral que o diário deixa transparecer parece se aplicar também ao desenvolvimento das tarefas. Pelo diário, ainda que não fiquem claros os mecanismos ou as estratégias por meio dos quais se articula o processo, parece que o trabalho em aula é negociado.
- a professora faz uma importante observação que coincide plenamente com a pesquisa de Anderson (1984) sobre a particular concepção por parte dos alunos (o "acabar" ou "fazer mais", preencher a folha, como critérios de envolvimento mais que o fazê-lo direito):

> Outra coisa que me chama a atenção é que, apesar de lhes dizer que se não lembram de alguma coisa, que olhem ou perguntem, muito poucos o fazem. Tentam fazê-lo como um jogo de loteria, "se não tenho certeza, vamos ver se adivinho" (C, p. 8).

Diário D

Trata-se do diário de um professor de escola multisseriada que atende oito crianças de níveis muito diferentes entre si, que vão desde a 1ª até a 6ª série de EGB.

Caracterização geral do diário e da aula

Trata-se de um diário de grande interesse, tanto por sua *estrutura narrativa*, na qual são registradas com bastante precisão e abundância de dados as atividades que se desenvolvem nas aulas, como pela própria novidade da situação que reflete: uma escola multisseriada, em que oito crianças abrem um leque de seis séries. Isso significa que o professor tem de pôr em marcha mecanismos muito particulares de trabalho para poder responder a exigências e condições de ensino tão diferenciadas. Em todo caso, essa é a típica situação em que um diário se torna um instrumento de incalculável valor para o próprio professor: para ter um registro retrospectivo do andamento da aula, para explorar a evolução geral das crianças e para abordar os numerosos dilemas que uma aula desse tipo apresenta.

O professor que fez esse diário captou realmente tais possibilidades do instrumento e é, talvez, um de seus maiores defensores. Mais adiante, analisarei suas idéias a respeito.

Dentro da tipologia inicial de diário, este teria de ser incluído entre os diários de tarefas e os diários de alunos. Basicamente o professor descreve tarefas, mas, como está com tão poucas crianças, cada uma praticamente de uma série, a tarefa se identifica com a criança que a realiza. De qualquer modo, as crianças são protagonistas constantes da narrativa: aparecem seus nomes, suas características, suas contribuições para o andamento da aula, etc.

Quanto à dinâmica geral da aula, o diário deixa transparecer fundamentalmente três aspectos:

- Uma estrutura de contratos feitos com cada criança, mesmo que mais claramente com os maiorzinhos, em torno dos níveis básicos de referência estabelecidos pelo programa oficial de cada série. Como aparece no andamento da aula, cada criança e o professor parecem saber em cada momento o que é que tem de fazer e quando terminou;
- Um processo de negociação constante. Na aula se negocia tanto o planejamento geral que se fará da fase que se inicia como, e isso talvez chame mais a atenção, a avaliação;
- Uma organização muito flexível da aula, tanto em relação aos horários como em nível mais estreitamente curricular (conteúdos, atividades, etc.). Com freqüência, rompe os esquemas habituais dos programas para introduzir atividades de atualidade; as crianças entram e saem, um pouco em função de fatores aleatórios como tempo, as tarefas da casa, o interesse do que estão fazendo, etc. Nesse diário, se nota o fato de que se trata de uma escola multisseriada que está isolada: não seria possível atuar assim no contexto institucional de uma escola urbana.

Todos esses aspectos gerais adquirem maior precisão ao analisarmos a estrutura das tarefas da aula.

Dilemas

Tratando-se de uma situação de ensino com essas características, obviamente os dilemas fundamentais se apresentam em torno da própria situação e da melhor forma de abordá-la.

a) Como ajustar, em uma ação didática, exigências tão diferentes entre si. Obviamente, para quem começa a penetrar no diário, essa é a questão que se coloca como a questão-chave, ficando-se na expectativa de sua resolução.

Esse dilema fundamental da diversidade parece ser resolvido de duas maneiras:

- Por meio de uma forte individualização das tarefas e do trabalho de cada criança;
- Mediante um sistema de tutoria que permita utilizar os alunos melhores-maiores da turma no trabalho com os pequenos.

Cada aluno tem uma programação para o trimestre, uma espécie de contrato, em que fica explicado o que é que tem de fazer (qual é a tarefa desse período, quais os objetivos mínimos a alcançar, etc.).

> Passei por Nuria; adaptamos a programação de galego e comentamos o que tinha de fazer hoje. Fiz a mesma coisa com Quique.
>
> Estive vendo com Mónica o que tinha feito em casa, corrigindo-lhe outras coisas, falando um pouco com ela e ouvindo-lhe contar que tinha um avô "carpintero", já que a lição falava dos carpinteiros (D, p. 3).
>
> Depois fui ver Lorena (1ª). Está fazendo umas atividades antecipadas, pois já superou os objetivos mínimos deste primeiro trimestre. Expliquei tudo o que me disse que ia fazer e revisei seu trabalho pessoal (D, p. 5).
>
> Depois, em clima mais formal, revisamos o que tinham feito nos livros e passamos a programar quais atividades devíamos realizar cada dia e em cada disciplina e os auto-reforços e os castigos pertinentes por não cumprir a programação. Fizemos tudo por escrito e todos assinamos o documento, menos Mónica e Susana, que não vieram porque estão com gripe (D, p. 27).
>
> Susana, por causa das faltas do segundo trimestre, está tratando de terminar o que lhe resta. Os demais já estão trabalhando na matéria deste terceiro trimestre. No começo de cada aula, programamos quais conteúdos vamos dar, quais não, quais vamos ampliar, quais compartilhamos com a aula e quais com os colegas de série e quais são apenas individuais. Também vimos que experiências vamos realizar, em que data e de que material necessitaremos para sabermos antecipadamente para pedir ao Centro de Recursos (D, p. 39).

Esse é um esquema que se repete praticamente todos os dias: o professor vai passando pelas crianças, de uma em uma, vendo como fizeram suas tarefas e indicando a data ou a seção específica em que está. A segunda modalidade de resolução do dilema se situa em um sistema de tutorias entre as crianças, de maneira que as maiores ajudam as menores a realizar certas tarefas que exigem um trabalho personalizado.

> Chegaram os demais, e fui ver Susana (4ª) trabalhar em estudos sociais depois de olhar o que tinha feito de galego. Raquel (6ª) continuou fazendo sua prova de ciências. Manolo (5ª) se aproximou de mim para perguntar o que faria, pois trouxera tudo feito hoje; foi ver Lorena (1ª) para revisar o que trouxera feito (D, p. 34).
>
> Continuamos trabalhando e Susana (4ª) fez sua prova de linguagem. Raquel (6ª) terminou com as tarefas de hoje e passou a preparar a experiência

> de mecânica. Manolo (5ª) terminou e foi ver Nuria (3ª) para ajudar com uns problemas de dividir. Lorena (1ª) terminou sua tarefa e foi ver Raquel (6ª). Eu me sentei com Javier para lhe dar um empurrãozinho (D, p. 40). Pela manhã, tanto Manolo como Raquel, ao acabar as tarefas, estiveram ajudando os demais, fazendo o trabalho de "professor"; coisa de que gostam, pelo que dizem. Por isso, disse a eles que sempre que acabassem antes do tempo, o tempo que sobrasse poderiam dedicar a ajudar os colegas (D, p. 33).

Assim, transparece no diário uma aula muito dinâmica, no qual cada criança trabalha nas suas tarefas e desempenha, ao mesmo tempo, principalmente as maiores do grupo, atividades de tutoria com as pequenas, permitindo que o professor dedique mais tempo ao restante dos alunos.

> Suzana fez prova de ciências. Raquel esteve todo o dia trabalhando em matemática. Manolo esteve ajudando Javi. Nuria esteve trabalhando em estudos sociais. Quique não veio, pois está incubando uma hepatite; e Lorena e Mónica, como fazia muito frio e já tinham acabado suas tarefas, ficaram de cama pela manhã (D, p. 26).

Como em todo dilema, as coisas nunca são simples de todo. No final do ano letivo, nota-se no diário a tendência a introduzir mais atividades coletivas (explicações para toda a turma) o que obriga o professor a articular outra série de estratégias (nesse caso centradas em como apresentar os conteúdos de maneira que fossem acessíveis a todas as crianças):

> Diálogo sobre avaliação mútua e andamento geral da aula. Depois de debater por um longo momento, chegamos à conclusão de que podia se reestruturar a aula da seguinte maneira:
>
> - 30 minutos de explicação para todos sobre um mesmo tema;
> - 60 minutos de trabalho individual de cada um orientado por mim;
> - 30 minutos de trabalho em grupo.
>
> Com essa reestruturação, pretendemos variar mais a atividade e ir começando a trabalhar em grupo. A divisão de tempo será elástica, conforme as necessidades de cada momento (D, p. 43).

Deve se supor que, além de explorar um novo sistema de trabalho (coisa habitual na dinâmica didática desse professor), existia nessa turma o desejo de mais trabalho em grupo, de fazer coisas conjuntas. Em todo caso, e essa é outra das constantes, a decisão é adotada pela negociação.

b) O dilema entre as especificações curriculares oficiais (o programa) e as possibilidades reais do grupo de crianças com que trabalha (situação real).
Em uma aula com tais características, o leitor do diário cria facilmente expectativas de grande deterioração das exigências oficiais em relação aos conteúdos de cada série. Isso é algo que não pode se constatar de maneira direta por meio de um diário, mas após a leitura deste

fica a sensação de que esse não é um dos assuntos que o professor considera como problema.

Valeria a pena fazer um acompanhamento dessas crianças para saber como desenvolveram o processo de integração no grande grupo escolar para o qual se transferiram no final do ano letivo narrado no diário. Essa perspectiva (o ter de se integrar em um grande colégio que concentra todas as crianças da região), a curto prazo, é uma fonte de tensões permanentes: primeiro tinham dito que iriam antes do Natal, depois em março, depois quando as obras acabassem, etc. Com freqüência, o professor refere no diário a essa circunstância como um ponto de referência que não pode esquecer e que condiciona seu trabalho, pois ele apresentaria as coisas de outra maneira, mas não quer que isso possa prejudicar as crianças quanto à sua integração nas aulas convencionais (há uma espécie de luta interior entre um ensino próprio e o ensino que "fará o próximo professor").

Em todo caso, o dilema não adquire em nenhum momento ares de drama nem preocupação intensa para esse professor. Em suas linhas gerais, resolve-o de um maneira bastante aberta:

- Por um lado, por uma clara definição para cada criança dos *Níveis Básicos de Referência*.
- Por outro, dando espaço para *atividades extracurriculares* de amplo espectro: por exemplo, ensina *xadrez* (de maneira sofisticada, além disso, com saídas deste ou daquele jogador, jogadas particulares); trabalham dramatização com certa freqüência; preparam atividades na vizinhança da escola (uma gravação de vídeo, por exemplo); encarregam-se da manutenção da escola, etc.

O professor anterior trabalhava há 16 anos no mesmo lugar com uma metodologia bastante tradicional. Como eu era "mocinho", meus métodos chocaram bastante; as disciplinas como música, educação física, pré-tecnologia[3] e atividades como xadrez, manejo de máquinas fotográficas, preparação de sessões audiovisuais com retroprojetor e projetor, realização de trabalhos de "pesquisa" do tipo etnográfico, enfim, todas essas atividades "improdutivas" chamavam a atenção dos moradores da cidadezinha até que a opinião pedagógica do secretário da prefeitura elevou minha categoria de "mocinho" a de "senhor professor" (D, p. 2).

Depois, em xadrez, expliquei a "abertura espanhola" ou de "Ruiz López". Lorena estava varrendo, Raquel ocupava-se com matemática e os demais jogavam (D, p. 4).

Tinha prometido a eles ensinar a usar uma câmera de vídeo e fazer alguns trabalhos com ela, mas de forma progressiva. Comecei explicando o funcionamento de gravação magnética e sua diferença com as gravações sobre emulsão. Depois expliquei o funcionamento da câmera e passamos à realização de práticas de enfoque sem gravar. Quando o tempo nos permitiu, saímos com a câmera para a rua para improvisar certas tomadas que cada um escolheu, fazendo ao mesmo tempo o comentário correspondente, mas dessa vez gravando.

Pela tarde, estivemos trabalhando até 16h e 15min e fomos ao bar de Nuria para ver o que havíamos filmado pela manhã, comentando os defeitos e a forma de corrigi-los, pondo a câmara em pausa cada vez que devíamos comentar alguma coisa. Para a cidadezinha foi um acontecimento, pois o bar se encheu para ver a realização, o que me inibiu um pouco para os comentários oportunos (D, p. 35).

Às 12h, chegou um senhor perguntando pela escola. Fui ver, e nos comunicou que nossos projetos para realização de trabalhos manuais tinham sido premiados com dois pacotes de madeira (D, p. 35).

Fica claro que há um discurso sobre a escola subjacente a todas essas anotações do diário. E que isso supõe já uma resposta ao dilema dos conteúdos. Na "perspectiva" desse professor, o trabalho extracurricular faz parte e se integra como parte da cultura escolar. Sempre, no entanto, sob a perspectiva do futuro escolar convencional a que as crianças teriam de se integrar:

Pela tarde tínhamos combinado de nos reunir todos os professores da região para comer e programar este segundo trimestre; pois, como estamos pendentes de concentração na escola grande, temos de trabalhar um pouco sob as ordens dos que irão para lá, já que nós, que seremos deslocados, devemos nos amoldar um pouco à sua forma de lecionar para que as crianças não notem demasiadamente a mudança.

Nós, jovens, apresentamos a possibilidade de trabalhar de uma forma mais livre, sem nos escravizar ao livro-texto, de fazê-lo mediante unidades didáticas. Mas acabamos no de sempre, no grupo sempre se volta ao velho sistema; e, como estão nos dizendo todo mês que vão nos concentrar, não nos decidimos a mudar de sistema (D, p. 29).

Estrutura das tarefas

Várias características do funcionamento da aula são facilmente distinguíveis no diário. Dentre elas, me referirei àquelas que marcam mais o estilo peculiar dessa turma: a "abertura", a "ronda", o esquema de trabalho e a avaliação.

As aulas têm uma rotina de abertura que se mantém de maneira constante: ao entrar, as crianças começam a falar de suas coisas, de sua experiência das horas anteriores. É uma espécie de fase de aquecimento e de concentração da atenção e adaptação ao contexto. O professor a aceita de bom grado. Às vezes, a atividade "formal" da aula se vincula a esses primeiros comentários. Mas, de modo geral, o professor distingue claramente entre ambas as fases: a fase informal de entrada e a fase formal ou "de trabalho" que vem a seguir:

Começamos falando do direito à greve por causa dessa convocação. Razões para essa greve, sindicatos, o que são e para que servem, que sindicatos existem, etc.

> Passamos depois à correção de tudo o que tinha sido feito no fim de semana, classificando as plantas que haviam coletado e depois comentando com cada aluno as atividades que tínhamos realizado (D, p. 43).
>
> Na chegada, estivemos comentando as grandes nevadas que tinham caído nos dias que faltamos, os bonecos de neve que tinham feito, as batalhas com bolas de neve que haviam se atirado. Depois, já em um clima mais formal, começamos a trabalhar matemática, corrigindo o que tinham feito esses dias que faltamos e explicando coisas novas (D, p. 33).

A separação entre os comentários iniciais e o trabalho acadêmico é uma primeira coisa que se repete como um padrão de funcionamento típico dessa turma.

Outra característica facilmente distinguível é a que poderíamos chamar de ronda. É uma das rotinas que se mantém sistematicamente durante todo o ano. Após as primeiras trocas informais, o professor passa em geral de classe em classe vendo o que as crianças trouxeram feito de casa e explicando-lhes o que é que têm de fazer nesse dia. Veja-se aqui um esquema que se repete em muitos outros dias:

> Raquel quis fazer a prova de matemática por escrito. Dei as perguntas para ela e fui ver Susana (4ª), a quem estive explicando tudo o que tinha de fazer hoje e corrigindo alguns exercícios que trouxera feitos de casa.
>
> Depois fui ver Lorena (1ª). Está fazendo umas atividades antecipadas, pois já superou os objetivos mínimos deste primeiro trimestre. Expliquei tudo o que me disse que ia fazer e revisei seu trabalho pessoal.
>
> Nuria (3ª): revisei seu trabalho e expliquei para ela o que tinha para hoje.
>
> Quique (5ª): revisei o que trouxe feito de casa e expliquei para ele o que tinha para hoje.
>
> Mónica (2ª): corrigimos o que tinha errado e expliquei para ela conteúdo adiantado. Falta pouco para alcançar o nível mínimo da primeira avaliação.
>
> Manolo (5ª): me mostrou tudo o que tinha feito em casa e me consultou sobre suas dúvidas.
>
> Javier (3ª): estive revisando um pouco do seu trabalho e daí passei para o trabalho em grande grupo. Nuria nos explicou a numeração em base dois com um conto meio inventado, meio copiado, pelo menos o ponto de partida, depois mudou o meio e o final. Ampliaram-no Manolo, Quique e Raquel, fazendo depois os menores exemplos que os demais propuseram (D, p. 5).

Esquema de trabalho

Quanto ao esquema de trabalho, durante toda primeira parte do curso se segue um modelo bastante comum às diversas atividades:

a) revisão do que trazem feito de casa;
b) explicação do que cada um tem de fazer nesse dia;

c) trabalho individual seguindo a pauta de b);
d) trabalho dirigido (pelo professor ou por algum dos "maiores");
e) trabalho em grupo.

Certamente, nem sempre se segue ao pé da letra o esquema, mas essa é sua estrutura mais comum. Observou-se antes que pelo final do ano letivo, após uma análise com os alunos do andamento da aula, introduzem importantes modificações no esquema anterior.

a) explicação conjunta do mesmo tema para todos;
b) trabalho individual;
c) trabalho em grupo: por duplas ou em grande grupo.

Pelo que o diário dá a entender, essa mudança surge principalmente porque sentem falta de mais trabalho em grupo. E talvez porque isso atenue de alguma maneira a dedicação que a aula exige do professor, mesmo que isso tenha de ser comprovado com ele.

Avaliação

Por fim, um aspecto importante na dinâmica dessa aula é dado pela avaliação e pela forma peculiar como ela é realizada. A avaliação adquire características particulares:

a) As crianças negociam o "formato" da avaliação e os critérios a serem utilizados:

> Raquel disse que preferia fazer a prova de ciências naturais da terceira avaliação: combinamos de pôr nele cinco perguntas: 1) definição de termos; 2) explicação sobre desenho; 3) de diferenciação; 4) de explicação de conceitos; 5) resumo de um trabalho de pesquisa. Pusemos esses itens seguindo a tabela de especificação que nós dois havíamos preparado, respondendo aos seguintes objetivos: 1) ampliação do vocabulário científico; 2) expressão plástica dos conhecimentos; 3) saber diferenciar conceitos, tipos e características; 4) explicar de forma lógica aquilo que de forma lógica compreendeu e aprendeu; 5) aprender de forma criativa, conhecendo o ambiente ao redor cada vez mais a fundo (D, p. 33).

b) Aceitam o fato de serem avaliadas e dizem quando se sentem preparadas para a avaliação:

> Fui ver Manolo, que me disse que já dominava os temas que tínhamos destinado para este trimestre, que considerava dominados os objetivos mínimos; fui ao quadro e comecei a explicar para todos o que entrava no segundo trimestre para Manolo, dependendo sempre de suas respostas para corroborar sua afirmação de que dominava os objetivos mínimos. Pude comprovar que inclusive alguns propostos como objetivos de antecipação tinham sido dominados (D, p. 36).

> Estivemos trabalhando em galego, revisando tudo o que vimos neste trimestre. Manolo e Lorena tinham a prova preparada e a fizeram. A seguir, disseram que queriam fazer a prova de desenho. Também a fizeram Raquel, Susana, Javier e Quique. Pela tarde, todos fizeram prova de dramatização, e Javier ainda fez a de música (D, p. 37).

c) O professor ajuda as crianças a preparar e a revisar o conteúdo a ser avaliado. Nesse sentido, seu papel de "ajudador" supera o significado e o sentido relacional de "julgador" (aspecto este que para a maior parte dos professores constitui um forte dilema relacional):
Chegou Quique, disse que ia fazer a prova de estudos sociais e se pôs a prepará-lo; estivemos, ele e eu, fazendo uma pequena explicação global de tudo o que entrava nessa prova (D, p. 34).

d) As provas são individuais:

> Como quase todos já terminaram de trabalhar os conteúdos dessa avaliação, começam a fazer as provas. Raquel fez a de francês, javier de galego, quique de história, Lorena de matemática, em que notei como não compreendia bem o procedimento de subtração, que logo lhe expliquei..." (D, p. 38).

e) Com freqüência, acrescenta-se a negociação na avaliação com as crianças:

> Manolo fez prova de matemática e, quando acabou, disse que não tinha ido nada bem. Eu lhe disse que se quisesse poderia repeti-lo outro dia. Disse que não. Corrigi a prova, comentamos cada exercício e as anotações que tinha das revisões de cada segunda-feira, e disse que merecia a reprovação, mas que apesar de tudo compreendia os conceitos e sabia responder os problemas, mas que ficava um pouco nervoso e não se concentrava na hora de fazer (D, p. 38).

f) Às vezes, se inclui até mesmo a avaliação feita pelos colegas:

> Javier fez prova oral. Cada colega lhe fez algumas perguntas, depois eu lhe fiz outras tantas e o avaliamos (D, p. 26).

Em resumo, se trata de um conceito de avaliação muito aberto e dinâmico, longe do velho espartilho da prova para todos. A situação perde o drama, e as próprias crianças podem participar no processo, entendê-lo e vivê-lo como uma experiência a mais de sua vida escolar.

Em geral, todo o conjunto da aula é, como pode se ver, bastante especial. Parte disso é pelo fato de serem poucas crianças, de ser uma "escola multisseriada" (que supõe algo assim como um espaço não-institucional ou escassamente institucionalizado, o que permite, entre outras coisas, trabalhar em um ambiente de estruturas mais flexíveis) e de ter de enfrentar uma situação muito específica (oito crianças de seis séries distintas). Também teríamos de destacar o próprio "estilo profissional" do professor como algo que diferencia esse tipo de ensino de outros modelos mais convencionais.

Dessa perspectiva, fica claro que o diário reflete uma situação específica e que não pode se repetir. Se todos os diários o fazem, e isso é o que dificulta mais a possibilidade de transferência de sua experiência para outros contextos, inclusive similares, nesse caso qualquer generalização ou busca de representatividade nos dados aqui observados em relação a outras escolas similares é ainda mais irrealizável.

Mais adiante voltarei a esse professor para analisar sua visão do diário e do que o diário lhe deu.

Diário E

Apresento esse diário como um bom exemplo do que Erickson (1986) denomina de "casos desconfirmatórios".

Trata-se de um diário-horário em que a professora se limitou a registrar, como se o destinasse à inspeção, a série de atividades que realiza (ou realizará) em sua jornada escolar.

De qualquer forma, mesmo que obviamente não possa entrar em uma análise pormenorizada como fiz com os anteriores, não quero dizer que se trata de um diário inútil. Pode-se tirar dele certamente muita informação:

a) em relação à planificação que a professora realiza (conteúdos que seleciona, seqüência que estabelece, etc.);
b) em relação à percepção do programa oficial que transparece em seu planejamento;
c) em relação aos recursos didáticos que utiliza de maneira permanente (nesse caso, se observa que se concentra nas fichas).

Mas, fundamentalmente, o diário adquire todo seu valor (é necessário insistir que o tem sempre, porque é uma expressão do trabalho de um professor) é no trabalho posterior sobre o diário. Eu não tive oportunidade de desenvolver tal trabalho e, portanto, não tenho mais dados sobre o "estilo docente" da professora que os oferecidos pelo próprio diário.

Do meu ponto de vista, acho que houve um claro desajuste na comunicação da solicitação ou na configuração do contexto pragmático em que surge esse diário: dá a impressão de limitar o objetivo do diário a expressar a tarefa de aula (talvez pelo isomorfismo semântico com a expressão "diário de aula" com que as tarefas desse tipo, feitas para a inspeção, eram denominadas).

Diário F

Caracterização geral do diário e do ensino que descreve

É o diário de uma professora que trabalha com crianças de 2ª série de EGB em uma escola de um núcleo rural.

Trata-se de um diário denso informativamente e que apresenta grandes possibilidades para sua análise e seu trabalho posterior com a autora. Nota-se na professora uma postura muito analítica e uma grande capacidade para descrever a aula (incluindo longos diálogos das crianças) e as situações que ocorrem nela.

De todos os diários que tive oportunidade de trabalhar é o que melhor se acomoda ao princípio etnometodológico do "escrever como loucos" (*writting like crazy*). A professora atua como uma observadora que segue ao pé da letra a exigência de Goertz (1973) de fazer "descrições densas" para justificar a validade da narração. O diário está cheio de curiosidades, de diálogos, de referências aos sujeitos, etc.

Nesse sentido, poderíamos situá-lo entre os diários que ficam na metade do caminho entre o predomínio das tarefas (que prevalecem como eixo em torno do qual vai se estruturando a narrativa) e o predomínio dos sujeitos (as referências aos alunos são também constantes, ainda que quase sempre ligadas ao desenvolvimento das atividades em que estão envolvidos).

Dinâmica geral da aula

No que se refere à dinâmica geral da aula, esta aparece no diário com uma série de características que a tornam muito peculiar. Três aspectos, acho eu, poderiam ser estabelecidos como linhas gerais de desenvolvimento no ensino dessa professora:

a) Apresenta estratégias instrutivas muito elaboradas.
O desenvolvimento que faz das atividades, como veremos no ponto sobre a estrutura das tarefas, é um desenvolvimento amplo e circular (trata de que entre na atividade todo o processo cognitivo dos alunos: desde o contato com as coisas até sua verbalização). A aprendizagem por meio de descobertas aparece como seu "estilo instrutivo" mais geral, e isso se reflete no diário mediante a especificação dos diálogos das crianças: no diálogo, percebe-se como as crianças se aproximam da aprendizagem que se quer transmitir a elas.

b) Apresenta-se uma forte tendência a fazer a conexão do vivencial com o cognitivo e o experiencial das aprendizagens, o que se apresenta como conteúdo acadêmico com o que é sua experiência vital ordinária (muitos elementos de sua vida, de como se vêem, de como se sentem, o que fariam se eles estivessem no conto, etc.).

> (Após ter trabalhado com uma estampa em que aparecia um coelho e uma caverna.) A seguir, cada um foi falando sobre o que tinha medo, e o que faria se tal lhe acontecesse (F, p. 34).
>
> O texto que líamos começava dizendo: "Eu nunca tinha pensado que era bonito...". Achei que era interessante conhecer o que os alunos sentiam a esse respeito e lhes perguntei diretamente: quem se acha bonito? (F, p. 39).
>
> Hoje começamos a estudar os planetas, principalmente a Terra. Para explicar aos alunos o movimento que origina os dias e as noites, levei para a

> aula um abajur, liguei-o e lhes disse que imaginassem que era o sol. A Terra era representada por uma esfera que tínhamos na aula. Assim, ao ir girando a esfera, compreendiam como era de dia ali onde dava o sol diretamente e de noite no outro extremo.
>
> Finalmente, fomos ao pátio e dramatizamos tudo o que tínhamos estudado sobre o sistema solar. A criança que representava o sol se colocou no centro. Depois fizemos umas elipses para marcar as órbitas dos planetas. Outra criança representou a lua e outras representaram os planeta. Quando eu dava um sinal, começavam se mover. Deviam andar de modo que não saíssem de sua órbita.
>
> A seguir foi a vez do resto das crianças olhar os que tinham atuado.
>
> Posteriormente, cada criança desenhou na areia o sol, a lua, os planetas e algum cometa. Cada criança escreveu em uma folha de seu caderno a palavra noite e do outro lado a palavra dia. Colocaram-se todas em círculo. No meio, uma criança representava o sol e ia girando com os braços estendidos, que representavam os raios, de forma que o lugar para onde dirigia seus raios devia ser dia e, quando dava as costas, seria de noite. Desclassificava-se quem não estivesse atento aos movimentos do sol para ir mudando as palavras (F, p. 70-71).

Refiro-me a essa concatenação da seqüência de atividades em torno de uma aprendizagem quando observo que apresenta estratégias muito elaboradas e que nela engloba o vivencial-corporal e o cognitivo, o saber e o atuar. Essa é uma constante em praticamente todas as aprendizagens, pertençam elas à área que pertencerem.

A essa circularidade dos processos de ensino haveria de acrescentar também sua contextualização, tanto no que se refere aos temas que são abordados como aos materiais utilizados. Desse modo, se dá grande importância às datas-chave (Dia das Letras Galegas, carnavais, Natal, excursões na cidade, estudo da contaminação mediante o lixo da própria escola, etc.);

c) Grande ênfase que se dá à leitura.

Em torno da leitura, atividade que está presente na aula como uma rotina diária, quase sempre se estruturam as outras atividades. A leitura é a constante por meio da qual a professora faz a apresentação do tema que será trabalhado. Na leitura se integra, também como um papel básico, a apresentação de alguma estampa ou um desenho. De maneira constante, após a leitura, feita pela professora ou pelos alunos, se observa o desenho ou a estampa correspondente e, com base em ambos os campos de estímulo, o trabalho é organizado.

Como a atividade é realizada quase sempre com materiais com que as crianças atuam, a professora maneja sistematicamente três tipos de códigos: o enativo[4] (atividades sobre os materiais trazidos para a aula), o figurativo-icônico (estampas ou desenhos) e o simbólico (leitura, perguntas sobre a leitura e sobre a estampa). Essa é outra forma indireta de fechar o processo de ensino que aparece como um dos padrões típicos de trabalho no diário.

Todos esses aspectos aparecerão mais especificados no ponto dedicado à estrutura das tarefas.

Dilemas

Não aparecem dilemas claros, no sentido de estruturas dicotômicas de valores contrapostos, no diário. Mas ampliando o sentido do dilema àqueles "focos de tensão permanente em uma direção", cuja consecução é uma preocupação permanente para os professores, podemos distinguir três núcleos de tensão nessa aula. Referem-se a essa grande elaboração das estratégias a que já me referi no ponto anterior, à disjuntiva entre trabalho individualizado e trabalho estimulado nas crianças, e o dilema de como tornar agradável os conteúdos que não o são por si mesmos.

a) *Episódios de ensino com estrutura muito elaborada.*

> Como já observei antes, uma das características idiográficas desse diário é que prolonga muito os episódios de ensino e que esses episódios apresentam uma estrutura muito elaborada (nota-se essa tensão por condensar em cada experiência escolar muita aprendizagem). Tal elaboração é construída, além disso, sobre elementos do próprio ambiente e inclui um processo reflexivo que é dirigido para que as crianças aprendam descobrindo. Isso acontece com a maior parte das aprendizagens que são apresentadas a elas (p. 40: a água e as mudanças de estado; p. 42: o conceito de complementação nos conjuntos; p. 46: compreender a seqüência temporal "criando um conto"; p. 60-61: a multiplicação). Em quase todos os casos a estrutura da atividade implica:
>
> - ir fazendo coisas e trabalhando sobre materiais (às vezes com uma série de perguntas "desequilibradoras" para sua percepção ou explicação das coisas) até que os alunos descubram por si mesmos do que se trata;
> - reconstrução acadêmica do conceito ou da aprendizagem: por meio do livro ou de materiais mais formais.

Os três elementos conjuntamente (*elaboração* sobre *materiais do ambiente* para conseguir uma *aprendizagem por descoberta*) constituem essa tensão dilemática em que se desenvolvem as aulas dessa professora:

> Pela tarde, trabalhamos em experiência. Começamos com o tema água. Primeiramente, pedi aos alunos que dissessem o nome de lugares da natureza em que houvesse água. Um a um, foram dizendo vários lugares, como mar, rio, poço, fonte, piscina (ao que perguntei se era algo natural ou artificial), banhado, lago.
>
> A seguir, iniciamos um diálogo em que os interrogava sobre aqueles aspectos que íamos desenvolver:
>
> - A água tem forma? Tem sabor? Qual é sua cor? Cheira a quê? (Para isso, tínhamos trazido de casa um copo com água e outro com suco de laranja.)

Mostrando o céu, perguntei o que viam, e alguns me responderam que o céu, outros que não havia sol e finalmente se deram conta de que me referia às nuvens. Então um me perguntou: se nas nuvens também havia água, por que tinha de ser armazenada para que pudesse chover? Diante dessa pergunta, as opiniões se dividiram, porque não encontravam uma explicação. Só chegamos a um acordo sobre que tinha de haver água para que depois pudesse chover. Deixei-os nesse suspense e perguntei se alguma vez tinham segurado um cubinho de gelo. O que acontecia se o tivessem por um tempo na mão ou se o pusessem ao lado da estufa? Ao me responderem que se transformava em água, pedi que me explicassem o que acontecia. Quase todos compreenderam que 'tinha se derretido" por causa do calor. Por último, lembramos que, quando pomos uma gota de água no fogo, ao começar a ferver, sai uma espécie de fumaça branca que chamamos vapor.

Tudo isso me serviu para falar a eles dos estados da água e das mudanças que ocorrem por efeito do calor ou do resfriamento.

Ao nos referirmos à água em estado líquido, buscamos onde poderíamos encontrá-la: a que bebemos, a com que regamos os campos, a com que nos banhamos, a que cai quando chove, a que corre pelos rios e nas fontes...

A água em estado sólido é a neve da montanha, o gelo, o granizo, o cubinho de gelo que se bota na bebida...

A água em estado gasoso é o vapor que sai de uma chaleira, as nuvens, a névoa, a respiração...

Então lancei a pergunta: alguém me explicaria como as nuvens se transformavam, quer dizer, de onde vem a água que vertem quando chove? Diante da falta de respostas, lhes ofereci a possibilidade de observar um gráfico que havia no seu livro para lhes dar uma pista. O desenho reproduzia o ciclo da água na natureza, acompanhado, além disso, por umas setas que descreviam o processo. Começaram a levantar as mãos e me diziam coisas similares a:

– A água do mar sobe para as nuvens e depois chove. E essa chuva vai para o rio e o rio volta para o mar. Na montanha neva e às vezes também neva na cidade.

Antes de completar e esclarecer certas lacunas de sua explicação, estivemos observando atentamente a paisagem e descobrimos alguns aspectos significativos: onde e em que estado aparecia a água, por que em um lugar chove e em outro está nevando, por que os rios nascem quase sempre nas montanhas... Também buscamos diferentes tipos de linhas, cores, dizer o que está perto e o que está longe, o que se encontra à direita de ou à esquerda de...

Em seguida, expliquei a eles as diferentes fases do processo me apoiando na experiência da chaleira que fervia com o calor e do cubinho que descongelava.

Depois, comentamos certas questões, como: a neve demora mais para derreter nas montanhas que nos vales, os banhados congelam no inverno, o que vai acontecer se botarmos um prato com água na rua em um dia com muito sol...

> Finalmente, organizaram umas vinhetas: nós as observamos e descrevemos seus elementos, as colorimos, escrevemos o que acontecia, ou melhor, o que mudava de uma para outra, e colocamos os números de 1 a 3 conforme a ordem de sucessão (F, p. 40-42).

Trata-se de um episódio, talvez excessivamente longo para ser transcrito, mas na medida para esclarecer o sentido do dilema: a professora toma o tema e o desenvolve paulatinamente, de maneira que vai acontecendo a integração da novidade do conceito a ser assimilado com os conhecimentos e as experiências familiares para as crianças. O diário está repleto de experiências desse tipo. Em uma delas (F, p. 60-61) tratava-se de se familiarizar com a multiplicação:

> Sem prevenir os alunos sobre a finalidade do que fazia, colei a cartolina rosa na porta de um dos armários e disse que íamos fazer um jogo, que era muito fácil e que todos sabiam fazer, mas tinham de ficar atentos para não se enganarem, que era preciso estar alerta.
>
> A seguir, lhes disse que íamos fazer um 'boliche' e que utilizaríamos, para isso, aquelas tiras brancas que tinha sobre mesa.
>
> Toda a turma estava em suspense. Eu dava cada vez mais explicações sem explicar nada, aumentando cada vez mais a ansiedade dos alunos. Estavam até mesmo nervosos e me apressavam para que começasse logo porque já não podiam esperar mais. Estavam realmente impacientes... (F, p. 59).

Assim, começa uma série de operações com as crianças anotando as bolas na cartolina de maneira que os números e as cores das bolas correspondessem ao resultado (em multiplicação) que aparecia a seu lado. Desse modo, trabalharam bastante tempo, com as crianças anotando quantas bolas havia em cada caso até que...

> Continuamos assim e, quando chegamos ao seis, Paula interrompeu dizendo:
>
> – Mas isso é igual a tabuada de multiplicar do 2!
>
> Todas as crianças ficaram com os olhos arregalados olhando alternadamente para a cartolina, para mim e para a própria Paula. Isaac quebrou o silêncio, apoiando o que Paula tinha afirmado e começaram as disputas.
>
> Eu, pessoalmente, não sabia se me alegrava porque tinham se dado conta do mecanismo ou se me sentia um pouco tapeada porque tinham me descoberto a jogada. Então, para ajeitar um pouco o desenvolvimento posterior e, assim, assegurar seu interesse e sua atenção, comecei a me enganar ao escrever ou a dizer as cifras, porque assim tinham de me corrigir e se divertiam (F, p. 61).

Penso que com esses dois episódios fica suficientemente claro o sentido do que denominei "elaboração" das estratégias e de orientação para a descoberta.

b) Tensão bipolar entre a tentativa de que as crianças trabalhem sozinhas, o que entra em choque com sua própria capacidade geradora de experiências, e uma rejeição explícita das rotinas.
Sabe-se que, quanto mais o professor ou professora intervém, mais isso cria um retraimento na participação autônoma das crianças ou em seu trabalho individual. E, por outro lado, o trabalho individual dos alunos (principalmente no caso de crianças da 2ª de EGB) só poderia ser feito da perspectiva da criação de um contexto de rotinas simples suficientemente claras e permanentes para que sirvam de estrutura e organizador da atividade.
Em muitos momentos da narrativa, a professora explicita seu desejo de que as crianças trabalhem sozinhas:

> Nos momentos de trabalho independente, seja individual ou em grupo, costumo me sentar à minha mesa para trabalhar sobre alguma coisa da aula, preparando fichas ou outro material e respondendo apenas quando solicitam minha ajuda (F, p. 57).
>
> Outras vezes, quando havia ocorrido um debate, se era provocado por mim, me dava muito prazer, mas quando algum dos grupos perdia a atenção geral e se afastava da conversa me chateava e tentava trazê-los de volta, porque me parecia que, de certa maneira, era como se perdessem tempo. Acho que depois que fui prestando mais atenção ao que os grupos iam desenvolvendo vi que, mesmo que não fosse sobre o tema que estávamos tratando, era interessante e formativo, além disso havia ocasiões em que estavam brincando de ordenar as pinturas conforme seu tamanho, outras vezes os surpreendi contando os dias que faltavam para seu aniversário...
>
> Essa segurança de que não se perdia tempo tornou mais fácil deixá-los falar mais espontaneamente, evitando meu controle e minhas diretrizes (F, p. 105).

Nesse caso, o desejo explícito da professora de que as crianças se acostumassem a trabalhar sozinhas se contrapõe apenas à sua grande capacidade criadora de estratégias (estratégias muito elaboradas, como vimos) e a sua rejeição às rotinas.

> Comumente começávamos por matemática, porque ao entrar parecia que as crianças estavam mais dispostas e o aproveitamento era maior. Isso me parecia razão suficiente para distribuir o horário.
>
> Ultimamente, acontecia que as crianças, mal entravam, já pegavam seus cadernos de matemática e se dispunham a copiar os exercícios do dia. Isso, que no começo me agradava e me parecia positivo porque interpretava como interiorização das normas da aula, em seguida começou a me preocupar, principalmente porque algumas crianças (entre elas Isaac) brincavam:
>
> – Vamos começar com uns exercícios de matemática.
>
> – Faremos o exercício 1, 2...
>
> Se tem uma coisa que me aterroriza de verdade no ensino é o perigo da rotina e este apareceu quando começou a acontecer tal situação (F, p. 53).

Para evitar a rotina, que essa professora tanto teme, introduz variações sistemáticas nas atividades, na organização dos espaços, etc.

> (Continuação da referência anterior às rotinas) Nesse sentido, havia outros aspectos que havia cuidado, detalhes a que tinha prestado atenção prevendo o que poderia acontecer. Por exemplo, a colocação das classes na sala de aula, que tento variar em função das atividades que vamos desenvolver; os murais que colamos nas paredes alusivos aos temas que estamos trabalhando, tanto elaborados por mim como pelas crianças; o próprio estilo de aprendizagem, alternando minhas explicações com seu próprio trabalho individual ou por grupos.
>
> Além de tudo isso – por que não dizer? –, eu também me aborreço fazendo sempre a mesma coisa à mesma hora.
>
> Então, desde algum tempo (começo do mês), variamos sistematicamente a realização do trabalho nas distintas matérias (F, p. 53).

O dilema se mantém durante todo o ano letivo narrado. Na realidade, não é enfrentado diretamente por parte da professora. A opção do trabalho individual ou grupal autônomo, pelo menos como aparece no diário, fica em algo complementar. A linha geral de trabalho da aula continua sendo o trabalho coletivo de todos os alunos em tarefas dinâmicas criadas pela própria professora.

c) *Abordagem dos conteúdos*. O terceiro dilema também não se apresenta de maneira excessivamente dramática e se refere a como abordar os conteúdos de forma que seu tratamento seja agradável para as crianças. Isto é, como tornar agradáveis aqueles conteúdos que por si mesmos não o são, ou que não atraem a atenção e o interesse das crianças?
O dilema é resolvido de diferentes formas: por meio da enorme elaboração das atividades a que já referi, por meio de uma forte praticidade desses conteúdos e a partir da incorporação de processos motivacionais extrínsecos como concursos, etc.

> Pela tarde, iniciamos o tema de experiências do sistema solar. É um tema difícil e pouco interessante para os alunos. Principalmente porque aparecem muitos dados desconhecidos para eles, como os nomes dos planetas, dos satélites, dos cometas. Além disso, a compreensão dos movimentos do Sol e da Terra costumam apresentar problemas, inclusive nas séries superiores. Tudo isso me levou a apresentar esta unidade com um caráter altamente prático, esquecendo-me ou, pelo menos, me distanciando da teoria (F, p. 68).
>
> Para nos ajudar a tornar mais agradável seu estudo e posterior reconhecimento, dei a cada aluno uma ficha em que cada sinal é acompanhado por uma paródia ou um conto (F, p. 91).
>
> (Para melhorar a aprendizagem da tabuada de multiplicar, faz uma espécie de concurso-corrida de carros em que a criança, com sua respectiva cartolina, vai avançando conforme sabe fazer as operações até onde tem

> de chegar.) Com esse jogo as crianças memorizam os números da tabuada sem sequer perceberem o esforço que têm de realizar. Como, além disso, se entusiasmam com a velocidade, os carros e tudo o que se relaciona com os motores, encararam essa aprendizagem como algo divertido.
>
> Comprovei que leva tempo para aprenderem, e algumas crianças, mais que memorizar número por número, o que fazem é ir contando mentalmente e somando ao anterior o número correspondente.
>
> Disse que todo dia revisaríamos as posições. Com isso, sempre tinham a opção de se adiantar ou de retroceder, conforme o que soubessem responder.
>
> Procuro compensar o risco negativo que comporta a competitividade dando uma aparência de brincadeira, comentando os desenhos dos carros, intercalando o papel de locutor de rádio que está comentando a corrida, fazendo com que as próprias crianças animem quem está participando... (F, p. 90).

Dessa maneira, a professora trata de resolver o dilema dos conteúdos e sua falta de atração (esse mesmo dilema apareceu em outros professores). E, como se vê, dentro de sua própria resposta ao dilema, aparece outro dilema novo (como resolver a competitividade que o sistema de concurso pode gerar?) que, por sua vez, tem de enfrentar.

Estrutura das tarefas e dinâmica do ensino

Quanto à especificação no diário dos modos específicos do fazer docente dessa professora, vários traços são claramente distinguíveis. Analisarei os seguintes pontos: *o tipo de estratégias de ensino, a estrutura das tarefas, o cenário, os materiais, o enfoque pragmático da relação e a avaliação.*

Como se vê, praticamente todos os elementos do arco didático podem ser abordados pelo diário. É uma boa indicação da potencialidade de explicitação idiográfica dos diários.

Em relação ao tipo de estratégias de ensino que se utiliza, já observei antes que uma de suas características fundamentais é justamente serem orientadas para proporcionar processos de descoberta nos alunos. São procedimentos muito encadeados, estruturas muito elaboradas, que tentam que as crianças descubram os conteúdos que vão sendo apresentados. Busca-se, também, que o processo de assimilação percorra diversos canais receptivos dos sujeitos, desde as experiências diretas com os objetos, às vivências, à captação intelectual e ao discurso lingüístico. O diário está repleto de episódios que comprovam essa constatação (p. 11, 14, 38, 53, 72, 113-114). Um exemplo pode ser suficiente:

> Iniciamos o dia com matemática: queria mostrar aos alunos e explicar a eles as medidas de comprimento. Como introdução ao tema e para motivá-los, apresentei a seguinte questão: aproveitei que tínhamos um vidro quebrado na aula e lhes disse que ia comprar um novo, mas que tinha de saber de que tamanho seria. Aconselharam-me que podia tirar o velho e levá-lo para assim trazer um igual. Mas essa possibilidade foi descartada porque era muito incômodo viajar com o

vidro. Outro propôs que viesse à escola o senhor da vidraçaria e que trouxesse um grande, assim o cortaria ali, botando-o ao lado do quebrado. Mas isso também não pareceu oportuno. Outro menino disse que podia trazer um barbante e mediria o tamanho tanto do lado grande como do pequeno. Era uma boa idéia, mas não pudemos pôr em prática porque não tínhamos barbante. Então, insinuei que podíamos fazer com outros instrumentos, por exemplo medindo com a mão para ver quantos palmos dava e, assim, solucionávamos o problema.

Realmente medi primeiro com meus palmos e depois disse que um aluno comprovasse para ver se não tinha me enganado.

Como era o esperado, encontrou mais palmos que eu. Voltei a medir e encontrei a mesma coisa que antes. Quando o aluno mediu de novo, deu o mesmo resultado de antes. Perguntei para eles qual seria a causa e, em pouco tempo, se deram conta de que nossas mãos não eram iguais, as deles eram menores que as minhas e, então, a medida mudava.

Experimentamos medir com o apagador e a medida era invariável, mas certamente na vidraçaria não tinham um apagador para poder medir e eu não ia levá-lo.

Tratamos de pensar qual seria a solução. Ocorreu a Paula que se tivéssemos um 'metro' seria fácil, porque seu pai sempre que vai comprar uma coisa mede com o metro e sempre dá certo, e todas as lojas têm um metro. Nisso estavam todos de acordo e em conformidade com suas experiências.

Disse que podia ir buscá-lo na sala da direção. E realmente o trouxe e medimos. Como tínhamos uma régua grande, perguntei se não podíamos experimentar medir também com ela para ver se dava a mesma coisa. Medimos e, ao comprovar que as medidas coincidiam, surgiu um novo problema para explicar.

Seu esclarecimento nos levou a uma confusão entre a medida metro e o instrumento metro para medir.

Foram Ivonne e Paula que polarizaram a disputa, defendendo a primeira que um metro pode medir vários metros, a segunda que o metro mede um metro. Vários colegas contribuíram com curiosidades e explicações a esse dilema. Quando pôde vislumbrar uma visão global que permitisse a diferenciação terminológica, tomei a palavra e os fiz pensar que havia palavras que podiam significar várias coisas, como por exemplo: manga, banco, etc.

Foi assim que Ivonne se deu conta da confusão e, pegando o metro que havia na aula e desenrolando-o, explicou que se chamava metro, mas que podia medir mais de um metro.

Com a oportunidade de realizar medições em diversos objetos da aula, se entusiasmaram. A dificuldade estava em que não dispúnhamos de instrumentos para todos. Por turnos e em grupos, foram medindo o comprimento e a largura da sala, das janelas, dos armários, das mesas, das cadeiras, de cada lajota, etc. Expliquei que o metro é uma medida fixa que tinha sido adotada em todos os países para facilitar as compras, as vendas e as trocas. Miguelito disse que se não fosse assim sua mãe comprava no México um tecido para um vestido e, quando chegava aqui, não prestava para nada, porque a medida teria variado (F, p. 113-114).

Já se vê como são extensos os episódios desse diário.

De qualquer forma, fica perfeitamente evidente o "estilo de ensino" que a professora utiliza.

E, antes de passar ao próximo ponto, há um aspecto que volta a aparecer em um diário em relação às estratégias cognitivas das crianças: o efeito "Anderson", isto é, as crianças com freqüência abordam as tarefas escolares como algo que é preciso acabar, e não como uma coisa que se tem de fazer direito ou cujo sentido prioritário seja entender:

(Depois de ter trabalhado um conto.) A seguir, pedi a eles que o recontassem pessoalmente no caderno. Nisso todos demonstraram grande entusiasmo. Um se chateou, bastante irritado, quando se deu conta de que tinha esquecido de alguma coisa e não conseguia lembrar como tinha acontecido algum detalhe que lhe parecia importante. Quatro ou cinco me perguntaram pela ortografia de algumas palavras. Por fim, houve quem encarou o trabalho como um concurso, porque sua preocupação era escrever mais linhas que os demais (F, p. 45).

Um segundo aspecto destacável é a estrutura das tarefas que vão aparecendo no diário. Esse aspecto tem muito que ver com a própria estratégia de descoberta em que ditas tarefas ficam didaticamente integradas. A estrutura básica, nesse sentido, seria:

uma primeira familiarização das crianças com os materiais (pegam folhas e as olham, as classificam, etc.; dá flores a elas para que as toquem, as rasguem e reconstruam, etc.);
depois, se passa a um comentário entre elas, em que elaboram suas primeiras conjecturas explicativas. A professora o descreve como "dar tempo para que cheguem a suas conclusões e comentem o que mais lhes chamou a atenção" (p. 11);
depois disso, se volta a uma pesquisa ou um estudo mais guiado, apoiando-se no livro-texto, em revistas, dicionários, etc. Às vezes, nesse processo, a professora vai falando individualmente com as crianças.

O processo se repete em distintos momentos e em diversas áreas de conhecimentos:

- as crianças descobrem que saíram brotos das lentilhas no vaso e se admiram e comentam excitadas. Depois, tratam de elaborar suas próprias explicações. Finalmente, acabam nos livros, obtendo informação adequada que lhes permita conhecer em profundidade o fenômeno (p. 14);
- a aprendizagem dos conjuntos é feita aproveitando a oportunidade do carnaval. Fazendo sua própria máscara e distinguindo a sua das dos colegas, as crianças foram abordando os diferentes conteúdos dos con-

juntos: classificação, divisões, relações de correspondência, elementos que pertencem e que não pertencem ao conjunto, agrupamento de conjuntos, etc. (p. 49).

Em relação à leitura (que desempenha um papel fundamental em sua estrutura de ensino), a seqüência da atividade costuma ser:

1. leitura em voz alta por parte de uma criança ou dela mesma (quando a professora lê, o faz modulando muito a voz, variando o tom segundo os personagens, dando ênfase a certos pontos, etc.);
2. leitura em silêncio de cada um;
3. explicação do significado;
4. perguntas orais sobre a leitura;
5. jogos orais ou de vocabulário.

Se a leitura versa sobre um conto, há dois aspectos novos que se incorporam à tarefa:

- por um lado, a estampa ou o desenho que costuma servir como apoio semântico (permite uma ampliação dos códigos e a conseqüente incorporação aos processos discursivos do pensamento figurativo das crianças). Sobre a estampa se fazem exercícios de vocabulário, de discriminação, de vivências e experiências pessoais, de reprodução, etc.;
- por outro lado, com freqüência é introduzida a modalidade "criar o final".

Pela tarde trabalhamos em galego. Li um conto cujo protagonista era um menino a quem aparecia um "demo" para assustá-lo. Em um momento do relato, depois que aconteciam coisas muito estranhas com o menino, lhes pergunto:

- O que é que acontece?

  E cada aluno dá sua opinião ou explicação dessas aventuras. Depois, continuamos com o texto, até que aparece o personagem do "demo". Cada criança imagina como será e o descreve a seus colegas. Por último, antes de ler o final do livro, cada criança inventa seu final.

  A seguir cada aluno desenhou um "demo" e inventou outra aventura. Alguns, porque "não saía", apenas o descreveram.

  Por fim, aprendemos a canção do "bruxinho de Gululu". Começamos com exercícios de pronúncia de "bra/bar, bre/ber, bri/bir, bro/bor, bru/bur". Escrevemos essa linha no quadro e a lemos, primeiro eu, depois as crianças. Em seguida procuramos palavras em que aparecessem e fomos escrevendo-as embaixo da sílaba correspondente.

  Eu escrevi a canção no quadro e a lemos, depois, as crianças a copiaram nos cadernos. Ao cantá-la várias vezes a acompanhamos com o ritmo das palmas e dos pés.

Essa é uma estrutura típica de tarefa nessa professora: a partir de uma leitura, vão se encadeando episódios que percorrem todo o campo das aprendizagens (leitura, escrita, imaginativo, gráfico, verbalização de emoções e experiências, etc.).

Nesse sentido, as aprendizagens são circulares (percorrem um amplo espectro de processos cognitivos, psicomotores e vivenciais) e extensas (duram períodos de tempo amplos que às vezes supera o de uma só aula). Referências a essa característica são freqüentes (p. 39, 47, 50, 59).

Outro aspecto importante nessa professora é sua configuração do cenário. Caberia observar três aspectos como característicos:

- um, já mencionado em um ponto anterior (2º dilema), se refere à tensão permanente em relação ao cenário. *Utiliza-o como instrumento para introduzir variações no andamento da aula e evitar as rotinas* (p. 53). Nesse sentido, o 'cenário' se incorpora a suas estratégias de ensino (muda os espaços, as cadeiras, os murais, os ritmos de trabalho, etc.);
- uma certa *divisão da aula por zonas*. Ainda que não sejam freqüentes as referências a esse aspecto, comumente são feitas em relação a duas zonas específicas: a zona da leitura (p. 13, 23) e a zona da natureza (infere-se indiretamente, pois em um lugar da sala de aula mantêm seus vasos com cereais e plantas para ver como são produzidos; p. 14);
- a *incorporação do pátio* ao cenário de ensino. No pátio, se realizam muitas das atividades de contato direto com os objetos (p. 62: contaminação; p. 69: sistema solar; p. 79: linhas e polígonos; p. 107: busca de materiais).

> Ao entrar, às 12h, continuamos falando sobre a contaminação, suas causas e como evitá-la. A seguir, passamos a focalizar o problema em nossa cidade. As crianças refletiram sobre a situação da localidade, definindo o que poderia se fazer para que diminuísse e para evitar que apareça onde não há.
>
> Então, nos referimos ao colégio. Um aluno lembrou que em um canto do pátio estava atirado um monte de lixo e que sempre havia gatos e cachorros remexendo nele, que cheirava muito mal. José Manuel falava do lugar onde se joga o lixo das salas de aulas e da cozinha e, como não é enterrado nem queimado, com o sol desprende o mau cheiro. Naquele momento, me ocorreu que poderíamos ir ao pátio com os cadernos e desenhar esse lugar contaminado. Depois desenharíamos, no outro lado da folha, um lugar sem contaminação que se visse do colégio.
>
> [...] Quando chegamos ao lugar, cada criança se colocou onde quis, mas quase todas mudando várias vezes em busca de um ponto mais cômodo para desenhar. Depois pintaram os desenhos. Iam observando, assombradas, a quantidade de lixo que viam: papéis, latas, restos de comida, sapatos...
>
> Depois, nos dirigimos para o outro lado do pátio onde cresciam alguns arbustos e plantas, tudo registrado pelos alunos em suas folhas. Finalmente, coloriram os desenhos (F, p. 62).

Embora com menor intensidade, também *o quadro* desempenha um papel importante no cenário dessa professora. Conta que as crianças estão, em geral, à espera do que ela escreve no quadro, às vezes até a recriminam quando demora ao escrever algo:

> (Após os cumprimentos e comentários iniciais, no começo da aula.) Enquanto isso, vão pegando seus cadernos de matemática, e os "mais adiantados" já puseram o '1', quer dizer, já estão prontos para começar a copiar os exercícios desse dia.
>
> Então, algum aluno dá por terminada a conversa e diz:
>
> – Já chega! Fechem a boca, que vamos começar com matemática!
>
> A maior parte da turma está com o lápis ou esferográfica na mão, atenta ao quadro, como se se tratasse do início de uma corrida. Às vezes, olho as crianças com uma atitude de assombro e perplexidade, e reclamam que eu comece porque já estão prontas, já escreveram o nº 1. Eu diria que acontece uma grande expectativa para *ler* o que escrevo no quadro porque em outras ocasiões mostram grande interesse quando vou para o quadro e me disponho a escrever alguma coisa. Pensei que pode ter influído o fato de que, como me contaram, a professora que tinham na 1ª série costumava escrever no quadro as indicações e as ordens (F, p. 36).

Em relação aos materiais que essa professora utiliza, várias coisas são destacáveis: usa muitos *materiais do ambiente*; os *contos e as estampas* constituem um material privilegiado de trabalho; ela mesma traz para a aula *objetos comuns* que depois utiliza como recurso de ensino; há referência ao uso da *imprensa na aula* e o *texto* é sempre utilizado, mas sempre desempenhando um papel complementar não-central.

A idéia básica sobre a qual parece se mover é que as crianças tenham em mãos os materiais, que possam tocá-los e ter experiências com eles.

> Trouxe quatro caixas de objetos geométricos para que as crianças familiarizem-se com eles, conhecendo-os, tocando-os, distinguindo diferenças, formas, tamanhos... (F, p. 96).

Para isso, nada melhor que utilizar materiais do próprio ambiente: flores para estudar esse tema (p. 10), sucata recolhida no pátio para usar em atividades dentro da aula (p. 107). Às vezes, ela mesma os faz ou os traz (o abajur para fazer o sol, uma cartolina para o "boliche" para aprender a multiplicar, cordões para ir ao pátio aprender as figuras poligonais, etc.

Entre os materiais mais estritamente instrutivos desempenham um importante papel as *estampas* e os *desenhos* dos contos e os próprios *contos*. As fotografias ou as estampas servem para abrir a aula ou a atividade (veja-se p. 72, 83, 94, 109) e a partir delas se organiza todo um conjunto de atividades centradas no vocabulário, no desenvolvimento conceitual (discriminação, organização espacial, reconhecimento, elaboração de histórias), no retorno à própria experiência, etc.. Acontece outro tanto com os contos, que constituem sempre um material abordado depois de distintos âmbitos da aprendizagem.

Também refere, em duas ocasiões, que levou material de imprensa para trabalhar na aula, embora isso seja feito de maneira conjuntural (uma vez em referência às previsões meteorológicas, p. 66; e outra ao falar dos meios de comunicação, p. 118) e pouco sistemática:

> Passamos, depois, a falar de outros meios de comunicação que nos permitiam conhecer as notícias de outras partes do mundo e inclusive de nossa cidade. As crianças falaram dos jornais e das revistas que conheciam. Gostam principalmente do rádio e da televisão.
>
> Foram nomeando e explicando os programas de que mais gostavam. Também escreveram no quadro uma lista de jornais que conheciam. Então, mostrei a elas três jornais do dia e comentamos algumas das notícias que eles davam (F, p. 118).

O livro-texto fica como material complementar, ao qual se volta depois que se trabalhou com diversos materiais:

> Por último, realizaram algumas atividades do livro em que tinham de ter presentes os conhecimentos adquiridos em relação a esses fenômenos meteorológicos... (F, p. 64).
>
> Depois, realizaram alguns exercícios de seu livro sobre a compreensão do texto lido e outras questões de vocabulário (F, p. 65).

Um aspecto interessante da dinâmica da aula narrada pelo diário é o tema da disciplina e como essa professora o enfrenta.

Há referências constantes ao tema: trata-se de apresentar um *comportamento reflexivo* entre as crianças com uma norma implícita que, observa, devem aprender a cumprir sozinhas:

> Vou falar com Paula, que ultimamente vem mascando chiclete todos os dias. Isso não me incomoda, nem entendo por que é uma norma da escola, mas acontece que o resto da turma me exige que o proíba justamente porque não é permitido.
>
> – Paula, você gosta muito de mascar chiclete?
> Demora um pouco a responder e sorri. Após sua resposta afirmativa, lhe indaguei se conhecia essa norma e o que ela achava. Não me respondeu nada. Então, falei de outras normas do colégio para lhe explicar o sentido, a necessidade e a utilidade das normas.
> Parecia não estar muito convencida. Então lhe perguntei o que pensava fazer, ao que me respondeu que poria o chiclete fora.
>
> Tentando buscar um compromisso, perguntei:
>
> – E daqui pra frente?
> Não me respondeu nada. Então falei de seus colegas e de mim, que às vezes também podíamos ter muitos chicletes ou um doce na aula e não o mascávamos nem o comíamos. Acho que meus argumentos não vão afetá-la muito (F, p. 12).

(Enquanto está fazendo um jogo-concurso, surgem discrepâncias, e um menino que perdeu se retira.) Depois de um tempo de discussão, vieram falar comigo para resolver as desavenças. Eu disse que tinham de chegar a um acordo entre eles, que eu tinha proposto o jogo, mas que, se não queriam, não se jogava. Então, Paula pensou que podiam tratar de convencer a jogar os que não queriam jogar. Imediatamente, se dividiram para ir animar os colegas. As formas de pressão eram variadas... (F, p. 24).

Finalmente, em relação à avaliação, se fazem poucas referências nesse diário. A idéia de avaliação (a crença) está vinculada à sua versão formativa e contínua. A professora está em dia com o andamento das crianças, principalmente por meio da correção diária de seus cadernos, mas, de vez em quando, também utiliza provas mais formais. Eis aqui sua reflexão sobre o tema:

Ao voltarem do recreio, entreguei aos alunos uma folha xerocada com exercícios como os que já tínhamos feito na aula desde o começo do ano. Não se tratava de uma prova, já que não me parece adequado traumatizá-los desde essa idade com as provas, mas me interessava saber um pouco como iam as coisas, como respondiam. Eles sabem que todo dia eu olho seus cadernos e supervisiono os livros todo mês, mas o fato de que hoje essa atividade não lhes permitisse que se comunicassem com os colegas os deixou desconfiados de que se tratava de um exame e, em seguida, me perguntaram. Expliquei qual era a finalidade, dando-lhes a entender que não era uma prova e que não ia acontecer nada com eles. Agora, se alguém não sabia ou não se lembrava de alguma coisa, eu explicaria (F, p. 68).

Diário G

Trata-se do diário de um professor, cujo trabalho consiste em atender crianças com necessidades especiais em uma escola pública, durante certo número de horas por dia, crianças das diversas séries.

Caracterização geral do diário e da aula

A situação escolar concreta em que surge esse diário é bastante típica. Assistem à aula grupos diferenciados. Durante uma hora diária, várias crianças de séries diferentes aparecem para recuperação principalmente de leitura e matemática e, no grupo da tarde, as aprendizagens instrumentais básicas:

Pela manhã vêm seis alunos de 5ª série, das 10h às 11h e 30min, a quem se ajuda somente na área de linguagem porque seus professores consideram que nas demais matérias eles os podem atender devidamente os alunos em suas aulas. Das 12h às 13h, trabalho linguagem e matemática com seis crianças de 2ª e 3ª. Pela tarde, das 15h 30min às 17h 30min, atendo um grupo de cinco crianças de 1ª, 2ª, 3ª e 4ª. Apesar de estarem em séries muito diferentes, por causa de suas deficiências, o nível das crianças é muito semelhante (bastante baixo em todas elas) (G, p. 2).

Essa particularidade organizativa da aula faz com que as referências a ela sejam também particulares no diário: trata-se de segmentos muito específicos e reduzidos (temporal e funcionalmente), que devem ser avaliados como tais, e não como conjunto da atividade educativa-instrutiva que se desenvolve, ou que o professor pensa que poderia se desenvolver, com essas crianças. Com isso, quero dizer que, se esse professor está em cada grupo por uma hora, esse é um tempo reduzido que, por sua vez, reduz a margem de possibilidades que o professor pode desenvolver com ele.

Em relação a essa primeira análise geral da aula, o diário se reduz (e também nossa interpretação dele se reduzirá por isso) àqueles aspectos que entram nas possibilidades e nos encargos desse tempo real de que o professor dispõe.

Em nível geral, o diário se inclui no tipo dos diários de sujeitos. O discurso que o professor desenvolve durante a narração está focalizado nas crianças com quem trabalha e em suas características.

Caberia destacar vários aspectos quanto à perspectiva geral que esse professor nos oferece de sua aula:

a) Em primeiro lugar, está subjacente em toda a narração um enorme esforço do professor para definir uma idéia, uma *filosofia em relação aos meninos* com que tem de trabalhar. É uma filosofia em torno da idéia-chave de tratá-los como pessoas. Esse princípio constitui um dos eixos estruturais e de tensão de todo o diário. Ao falar dos dilemas, registro-o como um deles.
b) Em segundo lugar, aparece também com grande clareza a circunstância de que a percepção dos meninos é feita da perspectiva dos problemas que cada um deles apresenta. É o problema de cada menino que adquire um papel de destaque, enquanto que o resto das características da situação e deles mesmos se transforma em fundo. Isso dá um certo caráter dramático à narração. No fato, óbvio, de que se trata de uma aula de educação especial, é o componente especial que se destaca sobre o de educação.
c) No entanto essa verificação temática não transparece depois em atividades claramente diferenciadas das que aconteceriam em uma aula normal. São atividades variáveis, mas sempre dentro de um contexto de trabalho bastante convencional: atividades acadêmicas em torno das propostas do livro-texto. Unicamente entra em contradição com essa consideração o fato de que se introduz, com caráter bastante predominante, principalmente no grupo da tarde, uma espécie de Manual de Recuperação elaborado pela Inspeção de La Corunha (o PDA).

Para poder "entender" essa percepção, em seus justos termos, é que anteriormente fiz a ressalva da peculiaridade organizativa em que se move a aula. É possível que o curto espaço de tempo disponível para trabalhar com as crianças e provavelmente a precisão das ordens recebidas (trabalhar estes ou aqueles aspectos) limitem muito o campo de ação do professor e que, portanto, essa limitação ao acadêmico surja desse contexto de condições, e não de uma opção pessoal do próprio professor.

Dilemas

No ponto anterior, ficaram especificados quais são os pontos dilemáticos fundamentais que o professor enfrenta e que poderiam ser resumidos em dois: um, referente à idéia geral do trabalho em educação especial, o que antes denominei filosofia de seu trabalho, e um segundo dilema muito ligado a este e com as contradições que assume em nível prático, que poderia se denominar conteúdos a trabalhar.

a) O primeiro dos dilemas é uma questão bastante freqüente para a maior parte dos professores que se dedicam à educação especial (Parrilla, 1986). O tipo de trabalho que os professores devem desenvolver, a peculiaridade das crianças que formam seu grupo, as próprias contradições que a educação especial tem em si mesma, etc. exigem construir uma idéia pessoal que dê sentido e mantenha seu trabalho. Costuma supor assumir uma postura dialética e problemática em si mesma. Ou, pelo menos, é assim com os professores mais dedicados a seu trabalho, aqueles que desenvolvem um envolvimento pessoal maior. Tratei de registrar a especificação dessa idéia nos quadros 3.1, 3.2 e 3.3, que estão nas próximas páginas.
Como pode se observar, o dilema se apresenta basicamente em torno de duas idéias-chaves:
    1. o problema que as crianças com dificuldades trazem consigo se agrava de maneira substantiva e adquire um nível qualitativo de maior gravidade a partir do conjunto de marginalizações que vão sofrendo na escola;
    2. o princípio geral de tratá-las como pessoas vai adquirindo perfis práticos bastante precisos em relação aos procedimentos de atuação com elas.

   Essa dupla perspectiva leva o professor a um terreno de clara denúncia da situação de sua escola, de insatisfação pessoal em relação ao trabalho que ele mesmo está realizando e de uma certa desesperança em relação às possibilidades de futuro destas crianças.
b) O segundo dilema está muito relacionado ao primeiro e se refere basicamente à problemática insolúvel que se apresenta a um professor em sua situação ter, por um lado, de responder às necessidades básicas desses alunos "especiais" e, por outro, ter de responder às exigências acadêmicas formuladas em torno dos programas e dos conteúdos das matérias que os sujeitos têm de enfrentar para chegar a ser "normais". Acha-se ridículo tendo de explicar os verbos regulares e irregu-

lares a crianças que têm dificuldade para entender um conto. É o que denominei dilema dos conteúdos educacionais.

Das 10h às 11h 30min, estive com o grupo A. Hoje começamos explicando o que eram os verbos regulares e verbos irregulares (p. 134 do livro-texto), mas devo esclarecer que me senti um pouco ridículo pois, apesar de os alunos entenderem, acho que nunca vão saber os verbos de memória e menos ainda lembrar quais são regulares e quais são irregulares. Antonio e Agustín são os que mais podem se beneficiar dessa aula para chegar à segunda etapa. Procuro que os outros se sintam normais trabalhando o que trabalho com seus colegas, entendendo-os, mas já sei que não vai adiantar muito. Depois, estivemos fazendo os exercícios da página 135 até a hora da saída. É preciso destacar que Jesús se sentia incapaz de fazê-los, pois não entendeu a explicação (G, p. 44).

QUADRO 3.1

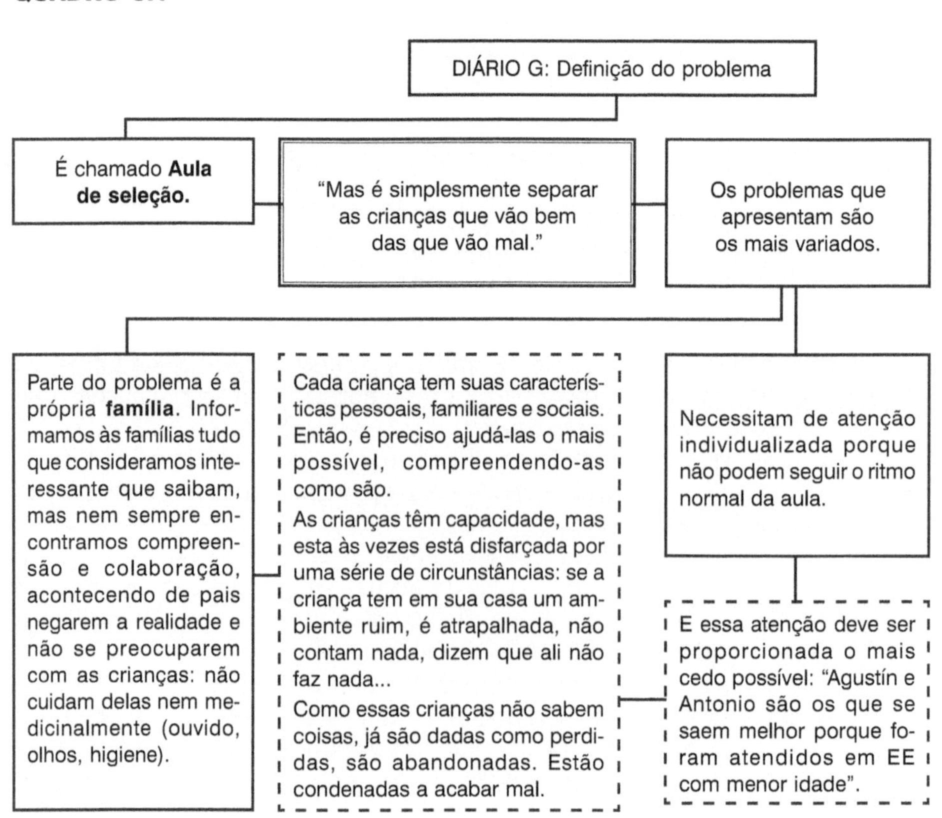

QUADRO 3.2

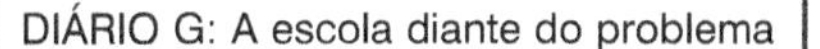

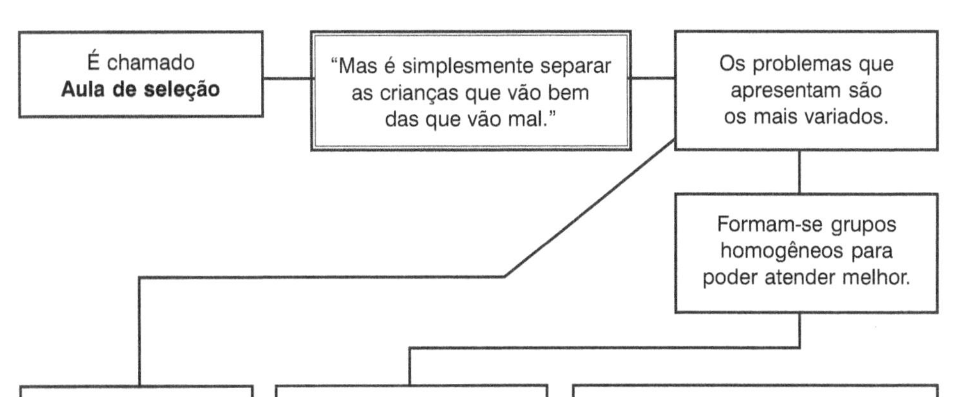

O psicólogo faz um diagnóstico e orienta o tratamento.
Nosso trabalho se desenvolve de acordo com o diagnóstico e essa orientação.

No entanto o psicólogo atende toda a região e não tem um contado direto e constante com as crianças nem com os professores.
"Temos reuniões periódicas com ele em um ponto central da região. Ele responde a nossas dúvidas, nos dá materiais e trocamos impressões."

Parte do problema é que essas crianças não se ajustam à dinâmica das aulas normais: "Esse grupo melhorou bastante. Mas o mais importante é que agora esses alunos têm mais moral para trabalhar, pois em suas aulas já não dão tanto na vista como antes e podem acompanhar o ritmo em tudo, menos em linguagem e matemática, e nessas duas matérias algumas vezes já fazem o que fazem os demais (sabem conjuntos, etc. como os colegas)".

"Pretendemos que sejam pessoas", se diz. Mas esses alunos não são tratados como pessoas:
- quando são castigados sem explicar por quê;
- quando são chamados de tudo ou simplesmente desprezados;
- quando se passa olimpicamente por eles.

Se um aluno tem problema, isso é mais do que o suficiente para ele; não necessita que, além disso, o marginalizemos:
- paparicando sempre os melhores;
- fazendo as classificações que costuma se fazer nas aulas;
- escolhendo sempre os mesmos, inclusive para o esporte.

A criança que vai mal em nível intelectual, ou em nível de conhecimentos em algumas matérias, é uma criança condenada na escola a ir mal em todos os níveis. Se se levasse em conta os aspectos em que se sai melhor, melhoraria inclusive naqueles em que tem dificuldade.

QUADRO 3.3

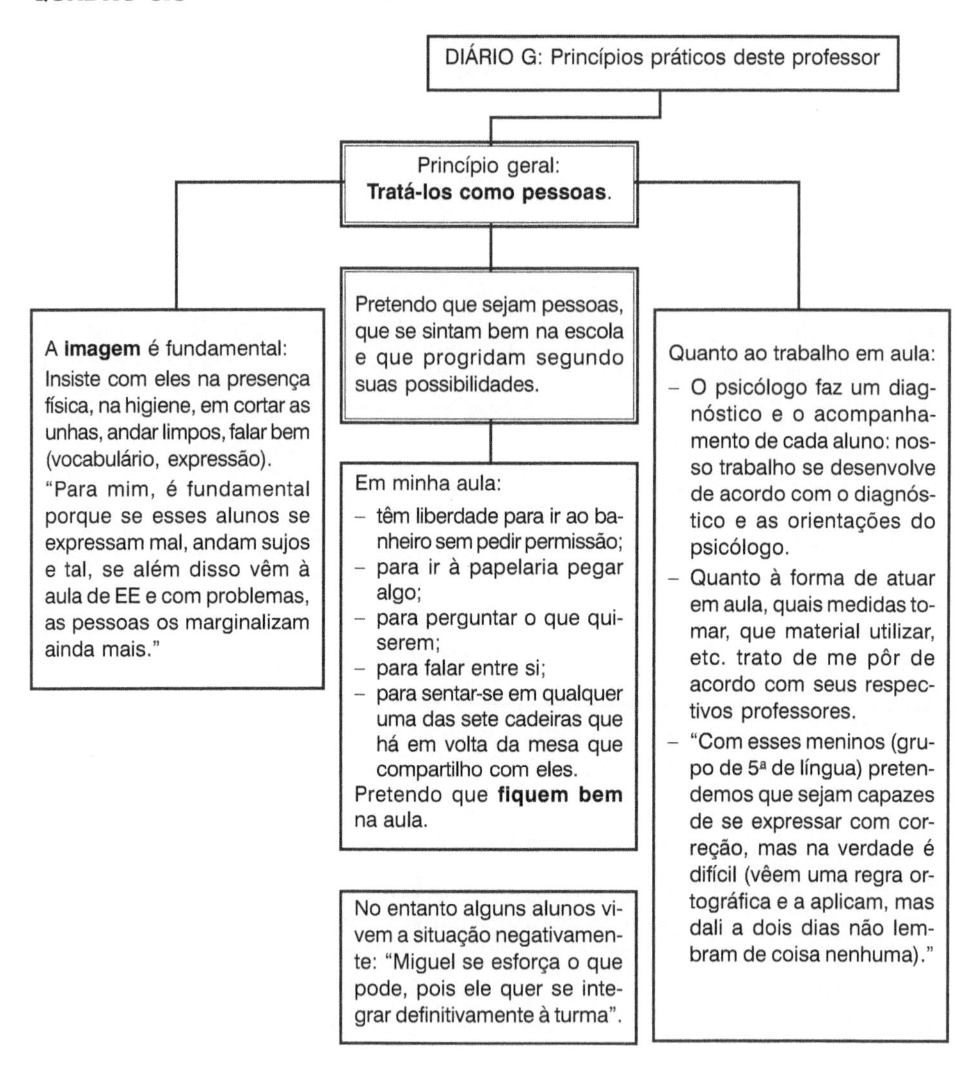

Estrutura das tarefas

Várias coisas podem ser destacadas neste ponto do diário.

Em primeiro lugar, quanto à estrutura, as sessões se organizam em torno do livro-texto. É ele que dirige o planejamento da aula. Apesar do que poderia se supor em função da particular problemática dos meninos, o trabalho acadêmico se baseia nos conteúdos e nas tarefas que o próprio livro-texto indica. O professor inclui na narração, inclusive, a página do livro em que estão trabalhando.

Apenas com o grupo da tarde (crianças de 1ª a 4ª com déficits importantes) utiliza recursos especializados como o PDA, que contém fichas de diversos tipos de atividades (coordenação, estruturação espacial, compreensão de conceitos, etc.).

A seqüência mais freqüente nas sessões é a seguinte:

1. Rotina de abertura: as crianças se acomodam enquanto contam coisas, fazendo comentários diversos (como vêm de diferentes séries, a situação é bastante nova para elas). O professor as deixa falar e às vezes participa. Os comentários constituem uma fase informal e "fora do programa", o trabalho acadêmico não se conecta com eles.
2. Leitura coletiva da parte correspondente do texto.
3. Ortografia e ditado (é um ponto a que atribui grande importância).
4. Exercícios do livro ou fichas.
5. Para a saída, costuma utilizar uma nova rotina: uma canção. ("No final da aula, procuro que façam alguma coisa de que gostem, como cantar, para que saiam contentes e com vontade de voltar": G, p. 48).

Essa estrutura varia um pouco com o grupo da tarde com que trabalha, principalmente, tarefas instrumentais e sobretudo por meio das fichas do PDA.

Quando tem de trabalhar conteúdos distintos da própria leitura, o esquema habitual segue estas coordenadas:

1. explicar a lição (desde o texto);
2. dar exemplos;
3. fazer exercícios (basicamente os que o livro-texto traz).

Começamos recordando o que eram os verbos regulares e verbos irregulares, o uso do 'j' (regras da lição anterior) e, em seguida, passamos para o que era de hoje, os tempos e os modos dos verbos (lição 23). Explicar a lição, dar exemplos e fazer exercícios foi o que fizemos durante quase todo o tempo, pois quando faltavam 15 minutos para terminar estivemos lendo um pouco para que não se atrasem em leitura, porque se ficam sem ler alguns dias já se nota que o fazem pior (G, p. 45).

Esses esquemas de funcionamento expressam bastante claramente um estilo muito acadêmico de trabalho na sala de aula. De qualquer forma, já observei antes que provavelmente o fato de contar com um tempo reduzido para cada grupo e com expectativas muito específicas (por parte dos professores das turmas de origem das crianças) em relação ao que se tem de trabalhar "na aula de EE", limita bastante a variação das atividades que nela se realizam.

Nota-se, inclusive, que as crianças estão pouco habituadas a atividades menos acadêmicas. Quando o professor se propõe a fazer uma dramatização, ocorre um grande desconcerto na aula. E, por outro lado, a dramatização se vincula a um tema do livro-texto (que a pede ou propõe como uma das atividades a realizar):

> Das 15h às 17h 30min, estive com o grupo C. Hoje começamos recitando uma poesia, depois os alunos a encenaram, etc. Isso corresponde à lição 12 do PDA. Essa lição trabalha a visuomotricidade e a linguagem.
>
> Foi uma aula muito divertida, apesar de como a fizeram. Marcos não era capaz de encenar a poesia, no começo, mas depois entrou no jogo como os demais. Também comentamos a poesia. Nos comentários, surgiam as mais variadas idéias, nem sempre relacionadas de todo com ela. Depois, fizeram a ficha correspondente e, quando terminavam, podiam fazer o desenho que quisessem (G, p. 28).

Bem, até aqui analisamos os diários de sete professores. Tratei de registrar, neste capítulo, as possibilidades que o diário tem para enfrentar a perspectiva geral em que se move o pensamento e a ação didática dos professores em suas aulas. É uma familiarização com ambas as dimensões. Sobre cada um dos aspectos específicos que destaquei, ao analisar os diários, deverá se fazer depois, no caso de que pesquisador e professor considerem que vale a pena, novas análises mais profundas.

Este trabalho mais profundo é o que apresento, como uma possibilidade que o próprio diário oferece, no próximo capítulo. Nele, me deterei na estrutura dos dilemas de um professor e em como esse professor elaborou mentalmente tais dilemas.

NOTAS

1. Muitos professores optam por fazê-lo uma vez que, aprovadas as provas ou exames por que devem passar ps professores para lecionar em escolas públicas, se incorporam em suas respectivas escolas.
2. N. de R.T. EGB, no sistema educacional brasileiro, corresponde à etapa do ensino fundamental.
3. Pré-tecnologia é uma disciplina que trabalha conhecimentos básicos de tecnologia. É cursada pelos alunos do ensino médio como preparação para estudos técnicos posteriores.
4. O código enativo é o que explicita as mensagens mediante ações.

4 A Análise dos Dilemas por meio dos Diários

Neste capítulo, abordarei as possibilidades do diário, combinando com uma entrevista de negociação, para examinar os dilemas dos professores e refletir sobre a maneira como estes os enfrentam e os elaboram mentalmente.

O diário que comento aqui é de um professor que desenvolvia seu trabalho em uma pré-escola quando o escreveu. Posteriormente, passou a dar aula na 2ª série de EGB. Já escrevi outras vezes sobre esse diário, mas nunca tinha abordado a tarefa de trabalhar com o professor a estrutura dos dilemas que se manifestam nele e a forma como ele mesmo foi evoluindo nos diversos âmbitos de conflito que os dilemas definiam.

Esse é o propósito que me proponho desenvolver aqui. Continuar com a argumentação do capítulo anterior ("os diários são instrumentos aptos para nos aproximar das perspectivas que os professores têm de seu trabalho"), mas penetrando um pouco mais profundamente no campo dos dilemas.

Os dilemas que haviam aparecido no diário desse professor eram basicamente quatro:

a) Um dilema relacional-disciplinar que registrava a ambivalência entre as posturas afetuosas e de relação cordial com as crianças e a exigência de manutenção da ordem para que o trabalho do grupo pudesse se desenvolver sem interferência. Aumentar o afeto implicava diminuição de ordem, a ênfase na ordem implicava ruptura ou esfriamento de relações com as crianças.
b) Um dilema organizativo que envolvia a atenção especial a algumas crianças mais necessitadas e a atenção ao grupo todo da aula. Alguns dos alunos apresentavam deficiências importantes nas aprendizagens instrumentais, mas era impossível para o professor dedicar a eles todo o esforço necessário porque, então, o conjunto da aula se deteriorava.
c) Um dilema referente à própria competência para abordar as distintas áreas de desenvolvimento dos sujeitos. Constantemente, ao longo do

diário, o professor afirma que necessita saber muito mais, tanto em nível teórico como em nível de técnicas de trabalho com crianças pré-escolares.

d) O quarto dilema (que eu não havia identificado na análise inicial do diário, mas que o próprio professor o fez ao revisar comigo essa análise) nós chamamos de dilema curricular. Registra a própria ambigüidade do trabalho educativo no nível escolar da pré-escola. Trata-se de um nível pouco definido ainda, submetido a muitas tensões contrapostas (os pais, os professores da 1ª série, a administração educativa, etc.). Para uns, é preciso preparar para o EGB, de forma que as crianças cheguem à 1ª série sabendo ler e escrever; para outros, se trata de uma fase autônoma destinada principalmente a desenvolver a capacidade expressiva das crianças. Isso supunha para o professor uma constante dissonância profissional.

A idéia deste capítulo é ver como esses dilemas se estruturam e como o professor evolui a partir do momento em que escreve o diário até um ano depois, período em que continuei trabalhando com ele seu pensamento pedagógico. O formato deste capítulo foi estruturado sobre uma série de quadros que expressam, por um lado, a posição do dilema no diário (transcrevi textos do diário que situam o pensamento do professor sobre a questão bipolar ou conflitante que o dilema reflete) e, por outro, como ele resolveu cognitiva e praticamente esse dilema.

DILEMA 1: AFETIVIDADE *VERSUS* ORDEM

Se analisarmos os textos que aparecem no quadro, pode se observar claramente que se trata de um conflito em torno da dicotomia básica que poderia ser expressa nos seguintes termos:

> O professor gosta mais de estar com as crianças em um clima afetuoso e condescendente, em contato pessoal individualizado carregado de possibilidades mútuas. Mas isto acaba trazendo consigo um maior esgotamento pessoal e um certo desajuste nas condições de trabalho.

Esse é o dilema apresentado em termos gerais.

Da definição do dilema, feita pelo professor, poderíamos extrair uma série de princípios pedagógicos que configura sua particular perspectiva do trabalho educativo com crianças pequenas:

- a busca de afeto, carinho e proximidade nas crianças constitui uma das condições para que a aula ande bem;
- a manutenção de uma corrente de afeto desempenha um papel básico. No entanto essa corrente entra em crise e, às vezes, se perde quando exercemos as tarefas disciplinares;
- o clima de afeto e o clima de ordem com freqüência são incompatíveis;
- seja como for, é necessário recuperar o fio afetivo quando ele foi perdido.

É preciso levar em conta, na hora de "penetrar compreensivamente", a definição que faz o professor do dilema, que se trata de uma aula com crianças pequenas (crianças de 3 até 6 anos). Logo, se verá que o dilema muda efetivamente de conteúdo e dramatismo quando o professor passa a trabalhar com crianças um pouquinho maiores (de 7 a 8 anos).

É interessante também ver quais são os indicadores que o professor maneja para situar a questão em um ou em outro pólo do dilema:

1. por exemplo, utiliza como adjetivos aplicáveis ao pólo positivo do dilema: "afetivas", "alegres", "próximas", "desinibidas", "sentir-se à vontade". As crianças estão (em sua visão das coisas) no pólo positivo quando estão alegres, desinibidas, se mostram próximas (aceitam uma troca pessoal, direta, com freqüência até mesmo física com ele);
2. o pólo negativo do dilema vem definido por adjetivos como "desatentas", "tensas", "próximas" (mas em uma proximidade de imposição, de pressão, de serem "chatas", não no sentido de abertura e disponibilidade que caracteriza o pólo positivo), "descuidadas", "desobedientes" das regras.

Como o Professor Enfrenta Cognitiva e Praticamente o Dilema?

Em primeiro lugar, convém examinar dois aspectos importantes referentes a todo dilema:

a) *Os dilemas têm uma dimensão intelectual e cognitiva e outra afetiva.* Não se trata de um problema, uma tensão ou um conflito puramente racional (nesse caso, muitos dos dilemas humanos deixariam de existir: os ciúmes, por exemplo, poucas vezes se apresentam como dilema em nível racional apesar de que pouca gente se vê livre da tensão vital que provocam). No caso do ensino, muitos dos núcleos de tensão que os professores têm de enfrentar estão tão saturados de uma dimensão como de outra: daí que todo professor (como intelectual, como pessoa e como técnico) se veja envolvido neles.
   Daí também a carga de irracionalidade (e de "insuficiência", portanto, da argumentação lógica) com que os dilemas são enfrentados na prática.
b) A segunda questão importante a ser levada em conta em relação aos dilemas é algo que já foi observado antes, ao se analisar o conceito e o tratamento que os dilemas tiveram na pesquisa didática. Em geral, o dilema em si mesmo é insolúvel, porque ambos os pólos do dilema refletem *valores igualmente aceitáveis* (por exemplo, tanto a boa ordem como o afeto são valores educativos "vigentes"), ou porque se trata de uma *tensão por uma expectativa nunca realizada de todo* (por exemplo, o desejo de "saber cada vez mais", ou "estar em dia" quanto às técnicas de ensino), ou porque *não há forma possível de integrar as dimensões do dilema em uma estrutura de ação* que satisfaça a pressão exercida por todas elas (acontecia isso, por

exemplo, no diário G: o professor se debate entre tratar as crianças como normais e, ao mesmo tempo, tratá-las como deficientes).

Em geral, o dilema se resolve (no sentido de romper, ou pelo menos diminuir, a dissonância cognitiva e a inquietação pessoal que provoca) por meio da reconceitualização de um dos pólos. Após essa reconceitualização, um dos pólos predomina sobre o outro (torna-se prioritário, sua pressão se legitima como predominante em relação à do outro pólo). Como se verá, esse é o caso da maior parte dos dilemas desse professor: reconceitualizar o sentido da ordem. Com isso, finalmente dá sentido a que a ordem acabe se tornando o pólo predominante e o dilema se encaminhe (possa ser abordado sem contradições nem excessivo desgaste pessoal na prática das aulas).

Então, nesse contexto, é que temos de situar os quadros 4.1, 4.2, 4.3 e 4.4, em que registro a forma como tal professor se colocou cognitiva e praticamente o dilema.

Como pode se ver, coloca-se o dilema de novo por meio da redefinição do pólo da ordem, de atribuir sentido a ele:

- A ordem é o contexto necessário para que as crianças com problemas possam se desenvolver (esse seria o eixo legitimador): Quadro 4.1.
- O fato de "se desempenhar" melhor como ator (não se ver tão envolvido pessoalmente na dinâmica relacional, saber ter "um distanciamento" em relação aos episódios afetivos e reativos) permite também enfrentar o dilema mais claramente (já que nunca pode se resolver de todo, pelo menos que não distorça muito o andamento das coisas).

  É curioso destacar como esse professor chega, em sua elaboração pessoal do dilema, a um dos princípios educativos que já tinha sido destacado tanto por Conners (1978) como por Marland (1977): a supressão de emoções.

  Nesse caso, não é exatamente uma supressão em termos estritos (isso seria contraditório com o canto ao afeto que coroa boa parte do diário), mas um apaziguamento das emoções (seu sentido prioritário corresponde à família; na escola, a prioridade se estabelece mais no âmbito de tarefas de ensino: Quadro 4.2).
- É por meio da ordem (uma certa ordem disciplinada, atenta, baseada no esforço e no "vigor") que se consegue que as aulas funcionem. O afeto e a disponibilidade pessoal que implica dificultam um processo de trabalho ativo por parte do conjunto das crianças. O pólo da ordem permite simplificar o universo de referenciais pessoais. Nesse sentido, possuir uma estrutura clara de normas permite tirar mais partido do escasso tempo disponível e permite também (e lembremos que esse é um aspecto que dá "legitimidade" à – de outra maneira "inapresentável" desde a "retórica" educativa – opção da ordem: Quadro 4.1) obter melhores resultados com os alunos mais atrasados. Da mesma maneira, deixar-se envolver menos nos afetos é muito necessário se a pessoa quer que a aula funcione. Quadros 4.2 e 4.3.

QUADRO 4.1 DILEMA 1: Afetividade *versus* ordem

Afetividade	**Ordem**
Tentarei que fiquem à vontade (p. 1). Vou tentar continuar com um clima relacional permissivo, mas sem que haja demasiadas ambigüidades em minhas reações; pretendo não infantilizar meus sorrisos ou minhas zangas (p. 1). Gosto muito de falar com os alunos quando nos reunimos assim sem que eu ordene. A leitura de imagens funciona com grupos pequenos. Quando estão todos juntos, é necessário se impor porque algum sempre interrompe a atividade (p. 9). Ao longo do dia, as crianças falam muito comigo. Isso me dá uma tremenda satisfação. E, como se desenvolvem hoje em dia as reuniões e os contatos, penso que mostram o clima que pouco a pouco vamos criando. O "clima" que tanto me preocupa, mas no qual hoje me sinto tão bem (p. 14). Esperava talvez encontrar um ambiente mais distante após o fim de semana, mas as crianças continuam tremendamente afetivas, inquietas, movendo-se com alegria, totalmente desinibidas. Nos últimos dias, isso vem sendo uma constante. Penso que todas se sentem bem na escola (p. 24). Sinto um certo entusiasmo, não sei se devido à boa relação com as crianças, ao bom tempo... Tenho necessidade de me sentir esperançoso e relaxado para me dar bem com as crianças. Este ano, às vezes me sinto preso a problemas que me dão voltas na cabeça, como pequenas obsessões, algumas relacionadas com o ensino que me impedem de me colocar no lugar das crianças, de sentir como elas ou estar com ânimo suficiente para que as coisas andem bem (p. 61).	Ultimamente, é uma maravilha no que se refere à ordem, a juntar as coisas. Logo que digo para juntar, cada criança organiza o que tem em frente e três ou quatro vão guardando todo o material nos cubos, nas caixas. Tento que entendam que tudo o que há é nosso (p. 9). Algumas crianças não "dão bola", e vou avisando uma por uma. É a primeira vez, desde as férias, que acontece isso, e me incomoda um pouco, principalmente porque não tenho tempo para levar adiante uma organização diferente, que possibilite uma maior liberdade quanto à escolha das atividades. Por outro lado, mesmo contando com o material necessário, não sei muito bem como poderia organizar uma nova dinâmica com tantas crianças (p. 16). Há muitas alterações na aula, e isso é insuportável para mim. Fazemos exercícios de psicomotricidade para que sirva de descarga [...] Depois de uns minutos de calma, opto por separar David, Saul e Carlos do grupo, porque não param de se mexer continuamente, de correr, etc. (p. 19). Uns alunos são coelhos, outros cachorros, e Sancha é a senhora que cuida dos coelhinhos. A seguir, muitos vão ao canto dos brinquedos, latem, caminham de quatro, me agarram, me mordem... Depois de uns instantes, termino com a brincadeira. Gosto muito dessa confiança, dessa proximidade, mas noto que inclusive algumas crianças que eram cuidadosas com suas coisas e com as das outras começam a se soltar demais e, em alguns momentos, se tornam chatas e até irritantes, ou sei lá... (p. 27).

QUADRO 4.2 DILEMA 1: Afetividade *versus* ordem

Afetividade

Enquanto algumas brincam, a maioria observa atentamente a operação: vou pintando cada uma das crianças. Encostam-se em mim e permanecem sem se mexer durante uns minutos. Continuamos conversando. Noto que gostam muito que me ocupe delas dessa maneira. É como se se dessem conta de meu esforço de me ocupar de cada uma pessoalmente. Comentam entre si as pinturas e garantem que são muito bonitas (p. 40).

Brincam livremente no tapete. Depois, trabalho individualmente uma relação rudimentar com Rocío, que para minha surpresa se presta a ela. A seguir, as crianças vão se unindo pela cabeça e pelos pés umas com as outras. Permanecem assim por muito tempo. Faço com que J. Antonio e Mónica façam parte do grupo. Parece que gostam, pois é nova para eles essa "quietude no tapete". Brincando com as crianças, me dou conta do valor desse tipo de exercício e me pergunto se é possível, trabalhando desde idades tão precoces, e dessa forma desinibidora, conseguir pessoas seguras de si mesmas, mas críticas, receptivas e tolerantes. Tenho a impressão de que eu aprendi mais que elas (p. 15-16).

(Após uma aula em que teve de dar castigo e mostrar certa dureza com as crianças.) Enquanto saem, J. Antonio me ajuda a recolher uns papéis no chão... Depois que saem todas, J. Antonio e eu nos damos dois beijos, ele me abraça. Sandra volta e nos abraçamos. Dou para ela um lápis que tinha em cima da minha mesa (p. 22-23).

Tento trabalhar com Laura, mas ela s se fecha em si mesma. Fico muito desanimado, porque há uns dias, depois de muita paciência e de um autêntico bombardeio de afeto e de estímulos positivos, a menina andava ótima. Era um de meus pequenos triunfos! A mãe estava espantada...

Ordem

Hoje, revisarei minhas atitudes em relação à disciplina e analisarei o clima que vai se formando no grupo. Talvez, depois de conseguir que as crianças todas se desinibam, faça com que respeitem um pouco minhas ordens. Talvez eu esteja cansado, não sei (p. 27).

Várias crianças não se separam nunca de mim. Tenho de pedir permissão para trabalhar. Hoje, me sinto um pouco cansado desse alvoroço constante ao meu redor, porque tenho de fazer várias coisas com urgência e não me deixam respirar (p. 29).

O ambiente é muito bom, embora eu me sinta um pouco desanimado com a impossibilidade de controlar seu trabalho. Incomoda-me tremendamente ter de repetir certas normas, pois pensei que as tinham assumido. Acho, também, que estou muito cansado, com muitas coisas para fazer – e isso influi em meu estado de ânimo e de aceitação dos comportamentos menos "organizados" das crianças. De qualquer forma, começa a me preocupar o desamparo que sinto em alguns momentos para impor certas normas mínimas. As crianças me demonstram muito carinho, mas às vezes parecem não me respeitar na medida recomendável (p. 38).

Depois de tratar de Carlos e tranqüilizar algumas crianças que se horrorizaram com os gritos e o sangue, tento me impor. Dou uns beliscões no rosto de David. E as crianças se calam. Obrigo algumas a terminar os trabalhos enquanto outras brincam. Estou desagradado por chegar ao extremo da agressividade. Não me preocupa a reação das crianças, pois em um instante David esquece tudo, mas eu fico inquieto (p. 38).

QUADRO 4.3 DILEMA 1: Afetividade *versus* ordem

Optei claramente pela ordem e pela disciplina:

- não tenho outra forma para fazer as coisas (não posso experimentar por falta de tempo);
- tentarei: fichas de ampliação com um sistema de autocontrole por parte das crianças.

(acabou mal) ao fim de um mês:
- as crianças que vão bem e as que vão muito bem tinham as fichas feitas;
- as que vão regular as tinham pela metade;
- as 4 ou 5 que têm dificuldades tinham uma muito malfeita ou nenhuma.

Essas dificuldades foram se acumulando ano após ano em uma má escolarização.

Também há a pressão dos pais.

No começo, dava mais liberdade: as crianças todas estavam mais soltas. Mas, puxa vida, os cadernos sempre manchados.

A liberdade de movimento pela aula e menos ordem podem ajudar as crianças sem dificuldades. Mas atrapalha as crianças com grandes dificuldades. Principalmente por causa do tempo limitado de que se dispõe.

As crianças que vão bem podem fazê-las de qualquer maneira.

É preciso dar uma solução para essas crianças que têm dificuldades sérias.

É pensando nessas crianças que tenho a aula disciplinada. Se o faço de outra maneira, as crianças acabam o dia sem fazer nem a primeira atividade.

Isso exige que todas mantenham a ordem: se você deixa as crianças mais livres, falando alto, levantando-se, etc., então as que têm dificuldade não são capazes de se concentrar e ficam no mundo da lua.

QUADRO 4.4 DILEMA 1: Afetividade *versus* ordem

Antes

Na pré-escola, sentia que perdia as crianças ao me zangar, que perdia o fio afetivo com elas.

Zangava-me, e a zanga me penetrava.

Antes, depois da zanga, não tinha jeito de me ligar a elas de novo, porque eu mesmo entrava em um mar de dúvidas e de culpa.

Pode-se combinar de algum modo a afetividade e a ordem por meio de um envolvimento pessoal menor nas situações: um maior autocontrole dos próprios estados de ânimo.

Agora, controlo melhor a aula porque sou melhor ATOR.

Agora

Agora, quando me zango, **atuo**.

Isso me permite jogar mais com a **expressividade**.

Posso passar facilmente da zanga para o sorriso. E o sorriso que vem depois da zanga faz com que as crianças percebam que estou com elas e o aceitam.

QUADRO 4.5 DILEMA: Afetividade *versus* ordem

Cada professor atua como pessoa: cada um tem uma forma de entender as relações com os demais, de entender as relações com as crianças e as satisfações que sente com elas.

No nível de atuação como professor o fundamental é que as coisas funcionem.

A palavra-chave é **Simplicidade**

Definição: Em vez de ter uma visão tremendamente complexa, simplificar as coisas.

A quantidade de coisas que acontecem na aula com as crianças pequenas necessita ser simplificada.

Se você quer atender cada criança, e na pré-escola isso é quase imprescindível, é difícil simplificar. Vai se tornando mais fácil quanto mais aumenta a idade.

Isso é uma coisa que comecei a fazer instintivamente.

(Referente à própria história) Jovem, eu era líder, mas sem ser autoritário.

Duas idéias-chave:
1. o professor como pessoa segura e não-indecisa;
2. a ordem como superação do caos psicologicista que supõe atender muitos detalhes.

Sim, era disciplinado. Sabia que, para que as coisas funcionassem, não devia duvidar nem ficar indeciso.

Naquele momento, eu não duvidava em absoluto e aquelas crianças estavam muito contentes comigo.

Não era uma pessoa dura nem radical, mas tampouco flexível:

Sabia que aquilo tinha de ser feito, tinha de consegui-lo e às vezes era preciso fazer trabalhar os que não queriam. Às vezes, endurecia com quem estava perturbando ou se fazendo de bobo.

Tenho uma aula muito controlada. Quando as crianças chegam, eu já estou na sala. E fico mais tempo com elas (devo ficar, todo dia, uns 20 minutos mais que o resto dos professores). Estamos na 2ª série. Devo aproveitar muito bem o tempo por causa do atraso que temos.

Se eu pretendesse atender individualmente cada criança, se pretendesse atendê-las com carinho, com paciência, a cada coisinha, passaria o dia todo nisso.

Por isso, já não atendo a essa grande quantidade de choros e dengues. Atuo mais superficialmente, com mais dureza, pode-se dizer, no fundo, um pouco mais áspero (tenho, neste momento na cabeça, que as crianças precisam ser tratadas com um certo rigor).

Na pré-escola, era um jogo muito psicologista, muito de atenção a uma grande quantidade de coisas, mas no fim não dava em nada, porque era impossível atender 30 crianças.

Nisso se diferencia o que se pode fazer em casa com filhos do que se faz no colégio.

QUADRO 4.6 DILEMA 1: Afetividade *versus* ordem

De minha perspectiva atual, a ordem é construída em torno das **Normas de Funcionamento.**

Na pré-escola:

As crianças entravam seguindo seu próprio risco.

Com freqüência, traziam de casa coisas que mostravam.

Passava-se muito tempo em uma troca inicial de comentários, de adaptação ao meio.

Existia uma rotina de entrada em que acontecia uma troca afetiva importante. Também uma série de subrotinas referentes a "preparar-se para a aula".

- Normalmente, cada criança entra na aula à sua maneira: uma deixa sua mochila aqui, outra vai falar ali... Quando você se dá conta, passaram-se de 5 a 7 minutos. Depois, quando você quer que comecem a escutar para fazer uma atividade, já se passaram 15 minutos. As crianças não estão fazendo nada positivo, são coisas que podem fazer fora da aula.
- Por isso, agora, quando chegam na aula, eu já estou ali.
- A primeira coisa que fazem é sentar e levantar a mão ("premiei essa conduta com balas").
- Depois podem falar, mas em ordem, nos entendendo todos.
- Desse modo, fico mais tempo com elas ("costumo estar com elas quase 20 minutos mais por dia do que o restante dos professores").

porque

++ estando na 2ª série, com o atraso que temos, devo aproveitar muito o tempo;

++ se não, é impossível: há alunos brigando, outro correndo pelos cantos da sala, outro ainda não entrou, etc.

Penso que mediante esse conjunto de quadros pode-se acompanhar com clareza como esse professor se coloca o que denominamos de dilema entre o afeto e a ordem.

DILEMA 2: ATENÇÃO INDIVIDUAL *VERSUS* GRUPAL

Esse segundo dilema apresenta uma dicotomia funcional para a organização prática das aulas. O professor pensa a dificuldade que supõe integrar a necessária atenção individual às crianças, principalmente àquelas que necessitam uma ajuda maior, com o acompanhamento que a aula requer em seu conjunto.

Como pode se ver nos quadros 4.7 e 4.8, na atenção individual se cruzam tanto questões afetivas (como no primeiro dilema) como técnicas. E na atenção ao grupo se conjuga, da mesma maneira, questões de ordem (como no primeiro dilema) com questões de tipo funcional curricular (controlar as crian-

QUADRO 4.7 DILEMA 2: Atenção individual *versus* grupal

Atenção Individual

Iván vai construindo os andares de uma casa com pecinhas. Tenta que todos tenham as mesmas medidas. Outra menina observa o que ele está fazendo. David ergue andares somente com formas quadradas. É evidente que antes investigou e descobriu que dificilmente as formas redondas lhe serviriam.

O ambiente é tão bom que, enfim!, Mónica se atreve a ir e brinca com blocos no chão. Gema não se integra em nenhum grupo. Passeia pela sala e, de vez em quando, pára. No entanto mais tarde se junta ao trenzinho para ir lavar as mãos, coisa que quase nunca fez por iniciativa própria (p. 9).

Nos últimos dias, percebi que necessito falar muito mais com cada criança em particular e interessar-me seriamente por seus problemas. Há pouco, guiado pelo meu afã educativo, ouvia forçado. Hoje, me sinto à vontade com as crianças em geral, demonstrando a maior simpatia possível e mostrando também meus sentimentos. Penso que as crianças são muito sérias, honestas e autênticas depois de um período de reconhecimento mútuo (p. 11).

Apresento uma ficha em que os alunos devem unir peixes de diferentes cores, segundo a ordem: eu sou da mesma cor que você. Trabalho com cada um. Javier é um dos que não entende o que tem de fazer. Os peixes foram pescados pelos índios para nós. Um, como Javier, não distingue as cores, digamos melhor, não estabelece diferenças em nível verbal e me é muito difícil ir abrindo caminho para ele. É preciso trabalhar muito mais com as cores (p. 12).

Depois, fico com ela para fazer círculos e começa a trabalhar. Não é fácil ir de aluno em aluno, pois sempre vem outro me pedir alguma coisa, me explicar algo, etc. (Continua no próximo quadro.)

Atenção grupal

Tenho de trabalhar muito mais a independência dos segmentos do corpo e fazer uma pequena prova para conhecer o domínio de cada uma das crianças. Na realidade, a maioria dos exercícios que tenho preparado deveria ser aplicada criança por criança, para ser bem-feita, mas é difícil realizar isso. Durante o dia, perdemos tempo para nos organizar, estabelecer um mínimo de ordem, distribuir folhas, tintas, colas... Antes, me pareciam atividades interessantes, agora gostaria de estabelecer um ritmo mais dinâmico e poder fazer muitas coisas diariamente. Hoje, venho com a intenção de não deixar que nenhuma situação em aula fique incontrolável para mim. Fiz a reflexão ontem com lápis e papel e algumas leituras ilustrativas (p. 29).

O problema desse tipo de trabalho grupal é que tais crianças perguntam as coisas quando lhes ocorre, em qualquer lugar. Você vai pegar um lápis para marcar uma ficha e elas vêm atrás para perguntar. É preciso ter um grande controle para não se irritar às vezes com essa espontaneidade (p. 4b).

Sinto-me impotente para controlar as 22 crianças que tenho hoje. Agora, o clima da aula é bastante diferente do que se respirava há três semanas. Elas podem passar o tempo falando, brincando, divertindo-se em grupo; atendem menos a minhas propostas e inclusive as rejeitam descaradamente. As crianças estão mais soltas, mais à vontade, mais expressivas, à custa do controle que o adulto tenta exercer (p. 31b).

Detesto dividir as coisas e, nestes últimos dias, o faço com freqüência. Não quero brigar, pois depois teria de brigar cada vez que me dirigisse ao grupo. Também não quero ser coercitivo nem agressivo. Mas não vou permitir de modo algum que o grupo me imponha o poder de forma boba, na gozação. O curioso é que agora é como se se sentissem muito seguras de que sou bom, de que minha zanga é muito passageira, sem transcendência. Não se assustam com nada. Gosto disso, mas ao mesmo tempo me desagrada. A organização não possibilita muitas distrações para o livre movimento constante das crianças (p. 31b).

QUADRO 4.8 DILEMA 2: Atenção individual *versus* grupal.

Atenção Individual	Atenção grupal
Tento controlar um por um e fico nervoso por não poder fazê-lo com mais calma. Sempre que trabalho individualmente ocorrem múltiplas interrupções: falta o lápis de um, outro me mete a folha embaixo do nariz, outro pede veementemente que lhe desabotoe as calças... (p. 33-34b). É muito difícil de trabalhar a psicomotricidade com tantas crianças. Se a gente pretende que as crianças se abaixem, se dobram como os gatos, etc. Teria de ser uma por uma, mas acho que, nas minhas circunstâncias, é dificilmente viável. Às vezes consigo, quando me mostro inflexível para que permaneçam em seus lugares, mas penso que isso entra em contradição com certas proposições para uma maior liberdade de ação (p. 44b). Em uma mesa à parte, trabalho com Víctor, Saúl, Víctor G. e Laura com as cores. Parece impossível que 5 segundos depois de dizer que uma folha é vermelha, afirmem que é amarela... depois de procurar coisas vermelhas, passar o dedo por uma cartolina dizendo vermelha, vermelha... Enfim, continuaremos trabalhando (p. 71b). Sempre trabalho individualmente com aqueles alunos que se distraem e ainda não são capazes de resolver esse tipo de tarefas (p. 83b).	Até tenho um guia elaborado pela equipe de "ensino pré-escolar da casa", mas cada vez que tento trabalhar com uma criança apenas surgem interrupções constantes ou a criança não se interessa pelo trabalho ou... (p. 53b). Esse tipo de atividades grupais, depois de acomodar os alunos, tarefa para mim tediosa e às vezes enervante, sempre estimula, mas agora percebo que as crianças menos dotadas não entendem muitas coisas. O que fazer? Obrigá-las a ficarem comigo para repetir tudo? E as demais, o que farão enquanto isso? (p. 54b). Perturba-me que, nesse tipo de atividades conjuntas, as crianças que mais atenção deveriam prestar são as que menos participam e as que têm mais problemas. Obrigá-las continuamente não sei se daria muito resultado, mas o caso é que necessitam trabalhar mais para avançar corretamente (p. 62b). Nessas atividades grupais, as crianças que mais se envolvem são aquelas que estão mais desenvolvidas. O problema é esse grupo que quase não fala ou aquele que não acata quase nada ou aquele outro que não coordena seus movimentos. Invade-me a preocupação com o trabalho individualizado (p. 69). Às vezes, fico louco da vida, pois as crianças continuamente vêm me perguntar, me falar, me mostrar, me abraçar... e não tenho nem um minuto para poder dedicar inteiramente a uma criança apenas (p. 98b).

ças em seu conjunto para que possam acompanhar o processo de aprendizagem que as leve à obtenção dos níveis exigidos).

Talvez seja necessário observar que se trata de um professor cujo diário (que não analisei nesta ocasião, porque já o tinha feito outras vezes antes, pondo-se assim em dúvida a condição da "originalidade") é uma constante referência ao trabalho com cada criança. O diário e cada um dos episódios narrados nele estão saturados de nomes. Dentro da tipologia de diários que utilizei antes, se trata claramente de um diário misto, porque descreve com similar intensidade a atuação dos protagonistas como o desenvolvimento das tarefas.

Dessa perspectiva, e também a partir do observado em relação ao dilema 1, pode se entender mais facilmente o sentido desse dilema, que, em síntese, poderia ser apresentado assim:

> boa parte das crianças da aula precisa de uma atenção individualizada, mas isso é quase impossível porque o resto do grupo se ressentiria muito. Por outro lado, também não disponho de meios para atender as crianças necessitadas nem para manter as demais ocupadas enquanto as atendo.

Novamente, o tema das crianças com problemas constitui o eixo argumental de onde o professor enfrenta o dilema. No entanto nesse caso a resolução do dilema em si mesmo, tal como o apresenta o diário, é deslocada para a nova situação em que o professor se encontra quando realizamos as sucessivas entrevistas de negociação. Quer dizer, a resposta ao dilema lhe foi dada em parte pela mudança da situação dilemática. Para esse professor, o dilema adquire características qualitativamente distintas, pelo menos no que se refere aos mecanismos para enfrentá-lo, na pré-escola (que é onde escreveu o diário e onde ficou configurado o dilema) e agora, na 2ª série de EGB.

A possibilidade de resolver o dilema está em uma dupla condição (Quadro 4.8: que seja possível deixar o grupo todo trabalhado sozinho e, portanto, que as crianças tenham maturidade suficiente para poder trabalhar sem a orientação direta do professor) e que se tenha à disposição toda uma bateria de recursos didáticos (utilizáveis tanto para esse trabalho "a sós" do grupo todo como no trabalho "individualizado" com as crianças com problemas).

A forma como se enfrenta o dilema é, portanto, somente parcial e em um duplo sentido:

- Como as crianças de pré-escola não possuem os recursos para ficar trabalhando sozinhas enquanto o professor atende as mais necessitadas, o que poderia ser feito nesse caso? Ou haveria de entender que esse dilema, na pré-escola, é um dilema "insolúvel" em nível prático?
- Abordar o dilema da perspectiva das crianças necessitadas é de alguma maneira "limitar" seu sentido. O dilema subsistiria, embora certamente apresentado com menor dramaticidade, mesmo que houvesse crianças com graves dificuldades. Haveria sempre de se colocar como conjugar o trabalho com os sujeitos e suas necessidades e o trabalho e as necessidades do grupo.

No que se refere a esse professor e aos dados até agora disponíveis, nenhuma dessas duas questões tem resposta.

Nos quadros 4.9 e 4.10 pode-se ver como se apresenta o dilema, basicamente referente aos sujeitos que precisam de uma atenção individual.

QUADRO 4.9 DILEMA 2: Atenção individual *versus* grupal.

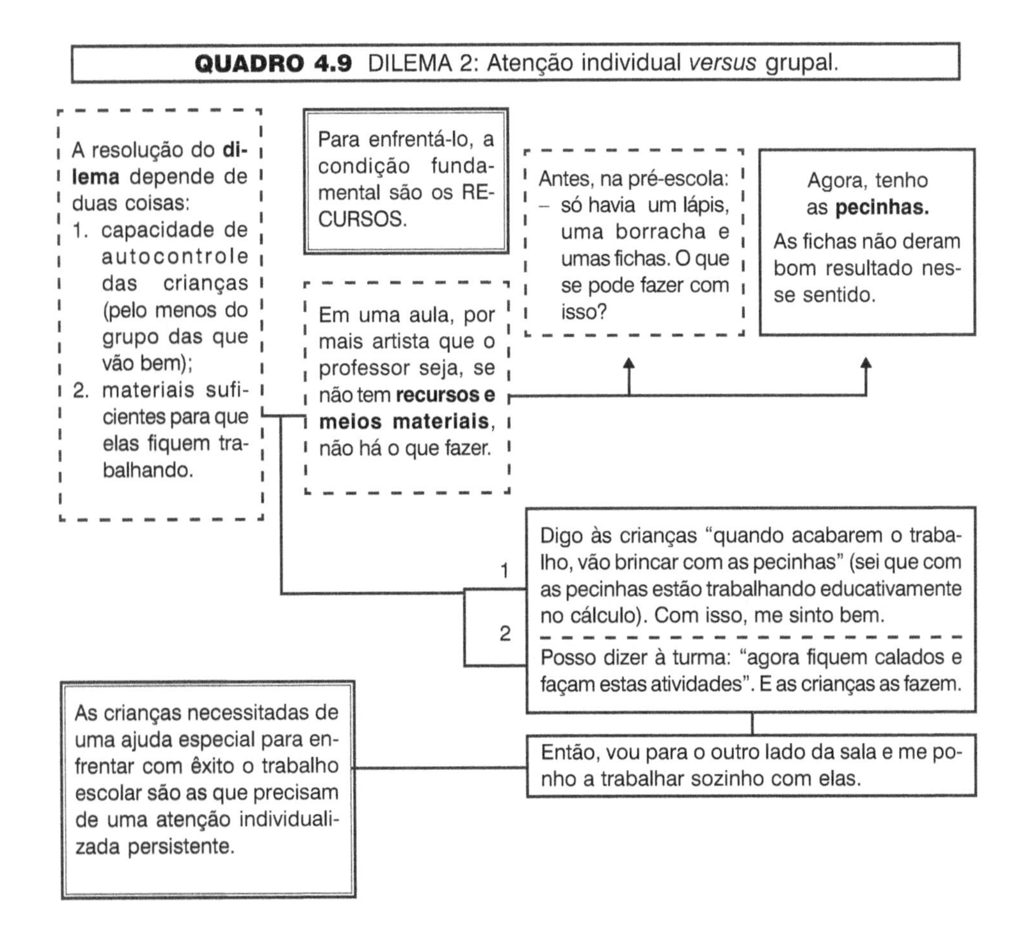

QUADRO 4.10 DILEMA 2: Atenção individual *versus* grupal.

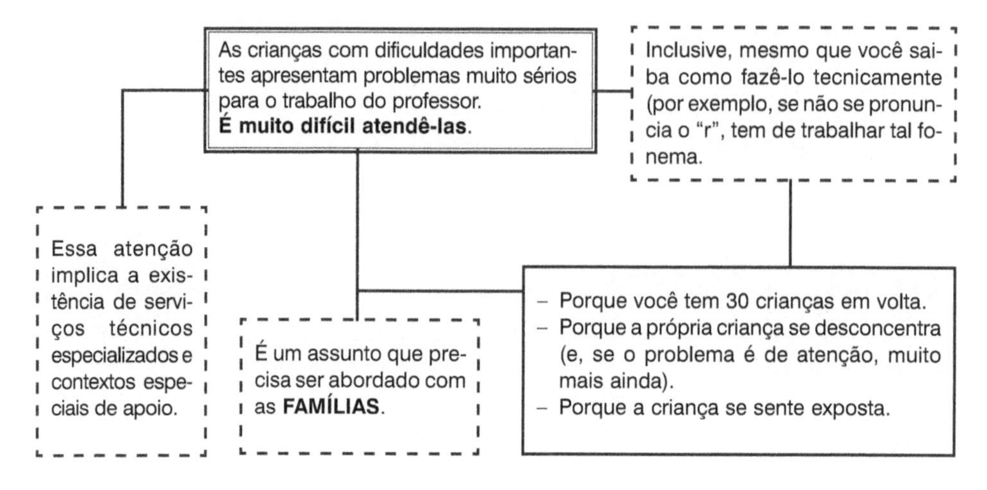

Agora estou trabalhando com os pais. Tenho um caso: explico à mãe como ajudar.
- Entrego-lhe pranchas.
- Explico como funcionam.
- Ofereço-lhe algum método adequado (fitas gravadas com instruções para o trabalho a ser feito).

Claro que essa mãe é esclarecida e pode me entender, coisa que não me acontecia na escola unitária.

DILEMA 3: NECESSIDADE DE UM DESENVOLVIMENTO PROFISSIONAL PERMANENTE

Trata-se de um dilema que, nesse professor, surge como uma tensão pessoal permanente pelo aperfeiçoamento profissional.

Quando escreveu o diário, poderíamos catalogá-lo como "professor inexperiente" [no *sentido absolutamente não-pejorativo* que se utiliza esse termo no paradigma do pensamento do professor para se referir aos professores que começam a trabalhar (Berliner, 1986)]. Era o primeiro ano em que trabalhava com pré-escola (embora, previamente, tivesse atuado como professor em outra escola pública, mas com crianças maiores). Ele mesmo refere a essa falta de experiência em muitos momentos do diário.

Duas coisas ficam muito claras no diário como preocupações (Quadro 4.11):

QUADRO 4.11 DILEMA 3: Necessidade de desenvolvimento profissional permanente

Acho que, nos primeiros dias, cometi certos erros de método que tento corrigir agora. Tinha partido da diferenciação de vermelho, amarelo e azul pela simples percepção, sem nomear as cores, e agora alguns alunos as nomeiam equivocadamente (p. 20).

Passamos muito tempo vendo como eles mostram as antenas, como se movem. J. Antonio e Sandra pegam o caracol de algumas crianças. Depois de 15 minutos, me sinto sem idéias, penso que teria de saber explorar muito essa situação, mas não acho nada. As crianças continuam entusiasmadas (p. 28).

É evidente que necessito muito mais material, muitíssimo mais material para que as crianças façam experiências físicas. Já peguei nas lixeiras algumas coisas, mas é necessário aprofundar muito mais na metodologia (p. 30).

Termino o dia cansado e decepcionado com o jogo das cores. Terei de repensar muitas coisas. Às vezes, tenho muitas dúvidas se sigo um caminho adequado. Penso, também, que é a falta de uma experiência mínima com crianças dessa idade.

Às vezes, analiso rigorosamente o que faço e chego à conclusão de que estou bastante por fora, de que necessito me aprofundar muito mais na teoria para me sentir seguro, capacitado para, pelo menos, responder como um técnico diante de certas questões. O vazio em nossa formação é descomunal e gostaria de me distanciar um pouco da responsabilidade imediata, diária e debater, constituir um mapa mental muito mais preciso do que tenho agora.

De que me serviu estudar física e química? O que posso ensinar a essas crianças sobre tais matérias? Em minha mesa se empilham dezenas de livros sobre pré-escola; vou avançando, mas às vezes a angústia me pega. Essas crianças vão passar juntas muito tempo, do que fizermos dependerão muitas coisas (p. 36).

Quando comecei na pré-escola, uma de minhas maiores preocupações era que entendessem a linguagem que utilizava. Minha experiência com crianças maiores em Mazaricos foi um pouco frustrante nesse sentido, pois o vocabulário que dominavam era muito pobre e isso dificultava muito o trabalho sobre textos escritos e naturalmente a comunicação oral. Com estas crianças estou muito contente e trabalho conscientemente muitas palavras e expressões depois de as ter estudado em casa (p. 35-36b).

Às vezes, me sobrecarrega todo o material que tenho acumulado, revisado e por revisar, porque depois é preciso levar as idéias e propostas à prática. Necessito tempo para me preparar, me organizar, organizar fisicamente a sala, buscar material...

Os meses vão passando e me preocupa o baixo nível de experiências organizadas. No começo do ano letivo, com tempo, nós, professores da pré-escola, passávamos as tardes inventando contos, atividades, pensando na forma de levar um peixe, um pássaro... Agora, nós três estamos envolvidos em tarefas que nos absorvem e vamos indo como podemos (p. 53b).

Quando uma criança não acerta, repito a ordem. Tento que observe, devolvo para ela o problema com um exemplo... Isso, o contato com a criança que ainda não aprendeu, que não resolve o problema, é difícil. Vai ver, me falta arte. Pelo menos, sinto falta de técnica, do conhecimento de como a criança pensa para encontrar a solução. Gostaria de tratar dessas pequenas situações com outros professores (p. 54).

a) Um melhor conhecimento das crianças e das teorias (evolutivas, da aprendizagem, sociais, etc.) que poderiam lhe permitir chegar a entendê-las melhor e a entender melhor por que às vezes se comportavam de uma maneira e às vezes de outras. Enfim, é uma tensão causada pela sua própria formação teórica.
b) O domínio de um repertório mais amplo de recursos técnicos que pode aplicar em situações específicas ou para tirar maior partido de momentos ou de materiais que aparecem de maneira incidental.

Ambos os campos de necessidades são os que mais claramente transparecem no diário.

Esse é um dilema que denominei antes de "inalcançável". Não tem fim. E não tem outra forma de ser abordado que o próprio esforço do professor para se incorporar àquele tipo de oportunidades que seu meio lhe ofereça para o desenvolvimento profissional.

No caso desse professor, o assunto se resolveu (quer dizer, está permanentemente tentando se resolver) de maneira multiforme por meio de cursos com especialistas, cursos universitários, participação em equipes de pesquisa, etc. Uma boa amostra disso é justamente esse trabalho sistemático com o diário e sua incorporação em nosso grupo de pesquisa.

De qualquer forma, trata-se de um processo que cada pessoa enfrenta de maneira peculiar. Portanto, não a incluí no quadro.

DILEMA 4: CLAREZA *VERSUS* INDEFINIÇÃO DO CURRÍCULO

Como já observei anteriormente, esse é um dilema que não surgiu diretamente de minha análise. Foi o próprio professor que, durante os comentários que íamos fazendo sobre os conteúdos do diário e sobre o que se podia inferir deles, disse que um de seus dilemas práticos mais inquietantes profissionalmente tinha sido o da clareza de idéias em relação ao que se devia e/ou era conveniente fazer em cada uma das séries. Principalmente na pré-escola esse é um dilema que muitos professores enfrentam ao lidar com um nível educacional ainda pouco institucionalizado ao nível curricular e que se acha situado no centro de um autêntico nó de tensões e expectativas contrapostas (Zabalza, 1987).

O Quadro 4.12 transcreve alguns textos do diário que apresentam essa ambivalência em relação ao "que fazer?" (de qualquer forma, o dilema não fica bem-claro nos textos, pois aparece no diário de forma mais implícita que explícita, subentendido em muitos problemas práticos que o professor se coloca durante o desenvolvimento das tarefas).

Na análise do dilema que fazemos depois (Quadros 4.13 e 4.14) fica mais claro o sentido que o professor atribui à questão curricular (o currículo como elemento de garantia para o professor à medida que deixa claro o "que fazer?": por isso, é mais fácil resolver o dilema na 2ª série de EGB).

Tem especial interesse como o professor dicotomiza o dilema em duas vertentes, a vertente relação e a vertente conteúdos curriculares. Esta se resolve à medida que o programa oficial (e talvez também a "cultura" pedagógica) vai definindo suas expectativas em relação às aprendizagens "necessárias" em um determinado nível.

QUADRO 4.12 DILEMA 4: Clareza versus indefinição do currículo pré-escolar.

Clareza das propostas	Indefinição das propostas
Estou entusiasmado com os desenhos, pois os contos e sua dramatização motivam muito as crianças para desenhar espontaneamente sem estereótipos, que é algo que pretendo lhes dar (p. 2). O tema do vocabulário. Considero-o muito importante e acho que requer um autêntico trabalho de relojoaria, minucioso, com uma boa preparação por parte do professor (p. 24). Meu objetivo é que interajam mais com outras crianças e penso que estão em um bom momento, pois nos últimos dias está acontecendo um descentramento progressivo e uma maior participação em todo tipo de atividades (p. 24). Depois do desastre de segunda-feira, no jogo de diferenciação das cores, penso que temos de trabalhar muito mais nesse aspecto (p. 37). Terminamos a ficha do dia anterior. Algumas crianças não a terminaram. Muitas perguntam como têm de furar. Às vezes, penso que isso não lhes interessa muito. Não sei muito bem o que fazer. Em geral obrigo-as a terminar o trabalho e vou fazendo observações para aquelas que não capricham ou não sabem fazer melhor (p. 20b). Apresento uma ficha. Exijo silêncio absoluto e máxima atenção. Chamo seriamente a atenção de algumas crianças. Tenho a impressão de que é necessário que percebam que têm de se concentrar, aplicando-se no trabalho. Influenciam-me algumas coisas ditas ontem na reunião de coordenação de ensino pré-escolar e 1ª série: – necessidade de que as crianças cheguem na 1ª série sabendo manter uma certa ordem; – necessidade de que cheguem mais bem-preparadas em leitura, escrita, etc. (p. 42).	Durante o fim de semana, dei voltas e voltas à situação do último dia. Acho que não era o momento oportuno para a atividade proposta e que forcei a situação por meu interesse, embora a atitude de algumas das crianças exigisse certa firmeza (p. 1). Por outro lado, sei que tenho uma ou outra criança já disposta, madura. Por exemplo, para a aprendizagem da leitura e da escrita. Mas são 30 crianças e em um ambiente de certa permissividade; algumas atividades necessitam de um ambiente mais tranqüilo, exigiriam quase que um regime militar. Enfim, esse constante afã perfeccionista faz com que a gente avance, mas muitas vezes asfixia, nos mantém impotente (p. 35). Chego cansado e um tanto deprimido à escola. Ontem, em uma das aulas da Faculdade, falamos sobre a conveniência de trabalhar no ensino pré-escolar fundamentalmente aqueles aspectos que as crianças, por razões do meio em que se desenvolvem, encontram mais dificuldades. Ao pensar nessas coisas, me aterra o discurso da sociologia da educação centrado na reprodução. Às vezes, me dá vontade de seguir um sistema férreo centrado na aprendizagem da leitura, da escrita e do cálculo: letras-números, letras-números (p. 36). As crianças se animam e eu participo de sua animação. Muitas me mostram coisas amarelas. Faltava-me alegria, seguir seu ritmo vital, esquecer-me um pouco de tanto programa e vivenciar um pouco mais. Inventar, recriar as situações (p. 38). Desenhar livremente. Eu não sei se é normal que algumas crianças continuem pintando apenas traços. Rocío fala comigo sobre seus traços, explicando-me o significado, mas ainda não sinais de semelhança com a realidade. Nunca a vi desenhar algo parecido com uma figura humana (p. 17).

QUADRO 4.13 DILEMA 4: Definição *versus* indefinição curricular

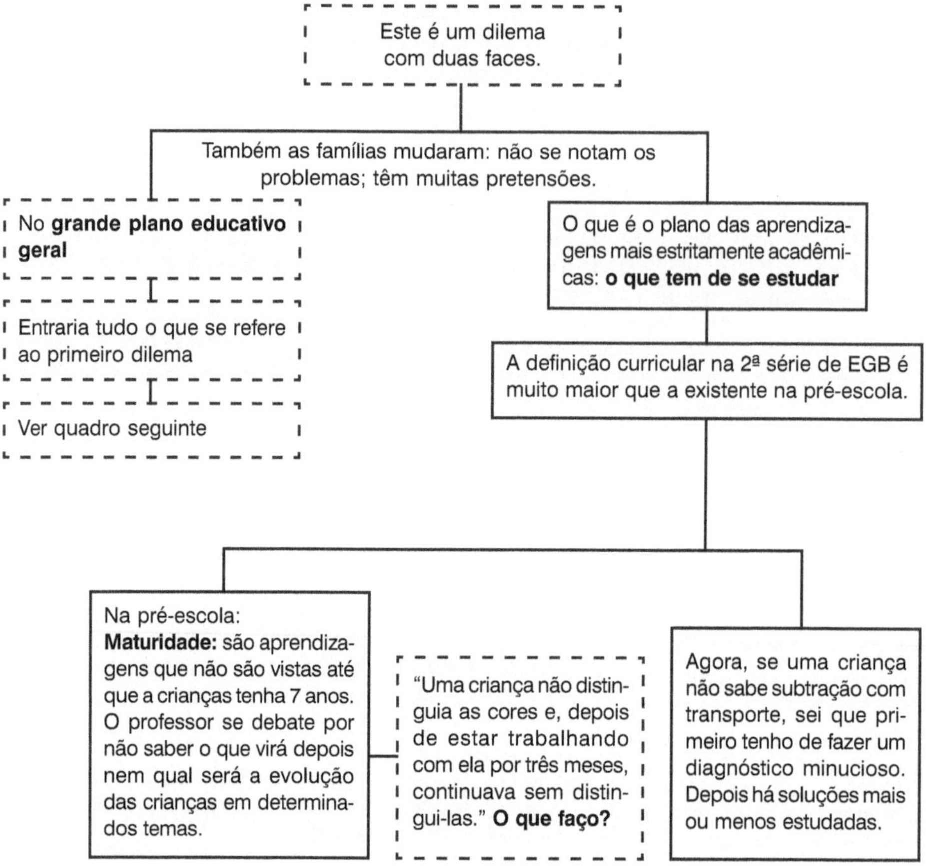

Este é um dilema com duas faces.

Também as famílias mudaram: não se notam os problemas; têm muitas pretensões.

No **grande plano educativo geral**

Entraria tudo o que se refere ao primeiro dilema

Ver quadro seguinte

O que é o plano das aprendizagens mais estritamente acadêmicas: **o que tem de se estudar**

A definição curricular na 2ª série de EGB é muito maior que a existente na pré-escola.

Na pré-escola: **Maturidade:** são aprendizagens que não são vistas até que a crianças tenha 7 anos. O professor se debate por não saber o que virá depois nem qual será a evolução das crianças em determinados temas.

"Uma criança não distinguia as cores e, depois de estar trabalhando com ela por três meses, continuava sem distingui-las." **O que faço?**

Agora, se uma criança não sabe subtração com transporte, sei que primeiro tenho de fazer um diagnóstico minucioso. Depois há soluções mais ou menos estudadas.

QUADRO 4.14 DILEMA 4: Definição *versus* indefinição curricular

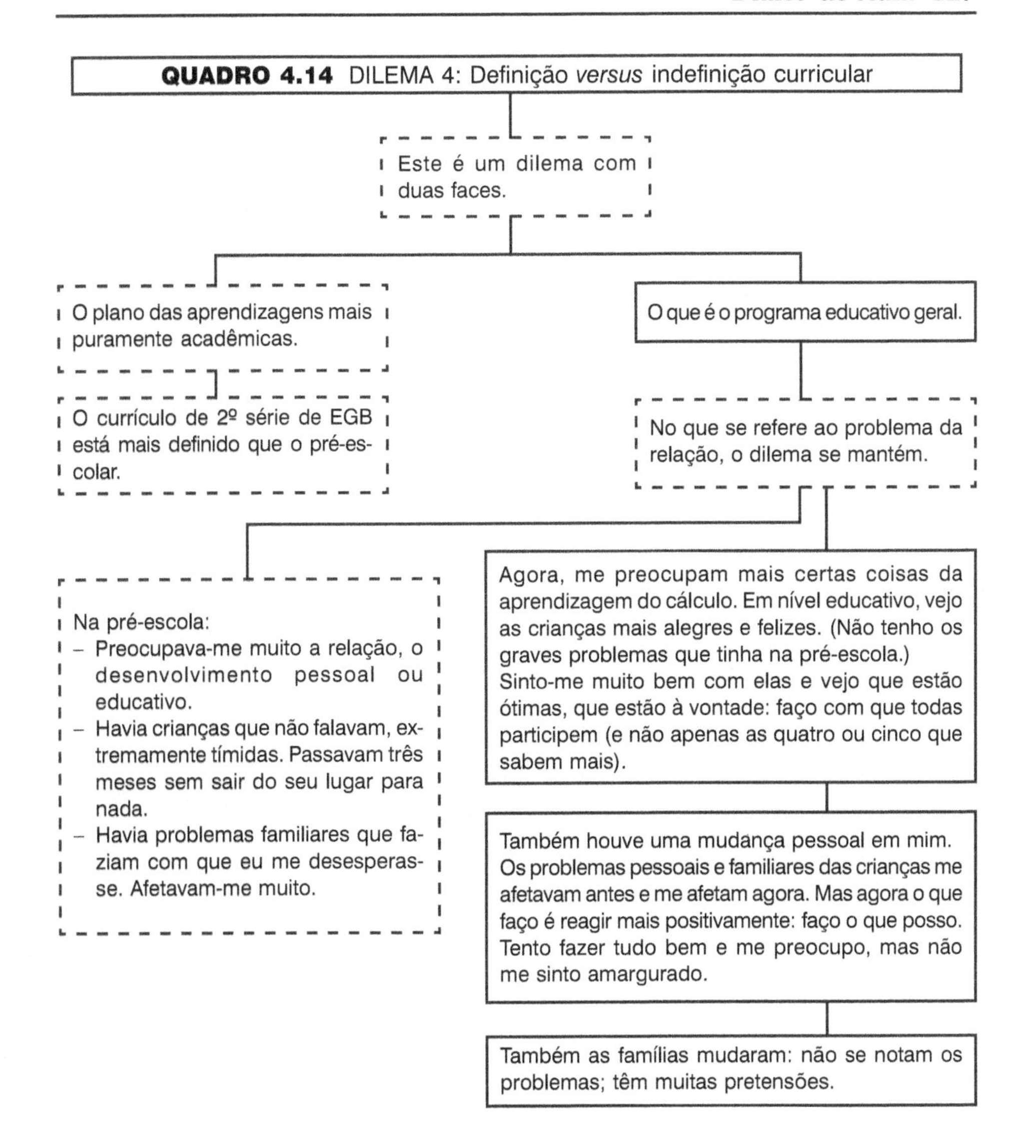

No entanto a vertente "relação" continua se mantendo como um aspecto dilemático, seja qual for o nível em que a gente se encontre como professor (pessoalmente, estou de acordo com esta consideração: basta ver até que ponto o tema relação continua sendo um dilema básico em nosso trabalho na universidade e inclusive, como observa Elliot, 1985, em nosso trabalho como pesquisadores).

A forma como esse professor enfrenta a dimensão relacional desse dilema nos leva de volta à sua argumentação relacionada ao dilema 1 (essa congruência pode falar positivamente da validade das considerações aqui registradas). O tema da relação é enfrentado desde a perspectiva, já registrada no dilema 1, da racionalização das trocas, do saber atuar sem se envolver excessivamente (refere-se ao nível pessoal, isto é, sem deixar que as situações afetem o professor até fazê-lo perder parte do controle) nas situações emotivas, etc.

É interessante como, tanto no dilema 1 como neste, o professor recorre à sua própria história e à sua evolução pessoal para organizar e justificar sua argumentação (em termos implícitos, isso pode facilmente ser entendido como uma evidência da não- "racionalidade plena" do discurso e da prática relacional: o modo como nos relacionamos depende muito de como somos e como fomos, de como evoluímos em nível pessoal). O jogo "antes-agora" que o professor maneja reflete bem esse componente histórico do dilema relacional.

Bem, esta foi uma panorâmica sobre a análise dos dilemas presentes no diário de um professor. Sem dúvida, os dilemas podem ser analisados desde muitas outras perspectivas (incluindo seu tratamento estatístico e/ou fatorial por meio da grade de Kelly, etc.). A mim, pareceu interessante esse tratamento porque respeita a natureza textual dos dilemas e permite penetrar neles sem alterá-los de maneira essencial.

Continuo pensando que os dilemas são um dos focos essenciais sobre os quais a pesquisa didática do pensamento do professor tem de dirigir seu interesse. De alguma maneira, constituem esse ponto de encontro entre o saber e o fazer docentes, entre a experiência pessoal e a experiência profissional dos professores.

Por outro lado, estou de acordo com Shulman (1986) em que pouco a pouco a semântica dos dilemas deve ir se centrando não apenas em questões de tipo didático geral (como eu fiz nesse caso) mas em questões referentes ao manejo que os professores fazem dos conteúdos específicos das disciplinas que lecionam. Sem dúvida alguma, os conteúdos constituem, dentro dos dilemas, outro importante núcleo de confluência entre o saber e a prática dos professores (Coll, 1986). Isso implicará, sem dúvida, variações importantes nas estratégias de pesquisa e provavelmente também a configuração dos grupos de pesquisadores. Em todo caso, também nessa proposição, os diários dos professores continuarão desempenhando um importante papel.

Metadiscurso sobre os Diários. Conclusões do trabalho.

5

Gostaria de acabar este trabalho fazendo algumas reflexões sobre a pesquisa em si e sobre as possíveis contribuições derivadas dela.

Como pretendi fazer uma pesquisa sobre os dilemas, não será inadequado que eu mesmo apresente este ponto final como reflexo dos dilemas subjacentes ao meu trabalho e que trate de esclarecer como e por que os enfrentei da maneira como os enfrentei.

PRIMEIRO DILEMA: A METODOLOGIA E OS CRITÉRIOS DE CREDIBILIDADE

Em um capítulo da pesquisa, me referi amplamente ao tema metodológico, mas tenho consciência de que saber como se tem de fazer as coisas não implica tê-las feito adequadamente. O dilema se complica, nesse caso, porque os padrões de credibilidade são extremamente difusos em relação aos trabalhos desse tipo (por exemplo, em Erickson, 1986; Guba, 1983; Mercadé, 1986; Miles e Huberman, 1984, etc.).

De muitos pontos de vista, esta é uma pesquisa "aceitável" mas "incompleta": exige uma maior elucidação do contexto pragmático (logo passarei a analisar esse ponto), exige completar os dados com observações diretas nas aulas (o que poderia melhorar seu discurso técnico, mas prejudicaria o discurso pragmático) e talvez com o uso de algum instrumento alternativo como poderiam ser as gravações, os materiais de trabalho de professores e alunos, etc.

Mas nisso não se diferencia de qualquer outra pesquisa submetida a suas próprias limitações: nesse caso, se trata de estudar conjuntamente o instrumento e aquilo que o instrumento recolhe. Dupla jogada provavelmente heterodoxa do ponto de vista metodológico convencional, mas necessária (o certo é que o estudo sobre os dilemas pode ser afetado pelas características do instrumento, mas não há outra forma de estudar um instrumento de coleta de informação se não aplicando-o a algum campo específico).

Mas o ponto-sistema do dilema é a credibilidade: é crível tudo o que aqui se expôs sobre os dilemas práticos dos professores? Que garantias avalizam tal credibilidade?

Posso responder unicamente observando que a pesquisa responde a boa parte dos critérios de credibilidade especificados por Guba (1983, p. 157):

- Trabalhei durante um período prolongado (praticamente todos os diários duraram um semestre e alguns deles todo o ano letivo).
- Utilizei a observação contínua (feita a ressalva, é claro, de que foram os professores que relataram os fatos, isso certamente pode alterar a natureza objetiva dos fatos, mas não os pensamentos dos professores sobre esses fatos, que é o que se estuda aqui).
- Utilizei a triangulação (pelo menos em seu sentido de negociação). Como se tratava de estudar o mundo dos professores por meio dos diários não houve triangulação metodológica (não houve nessa fase, embora ela venha a acontecer em fases posteriores e dentro da bateria de estratégias metodológicas incorporadas à linha de pesquisa em que os próprios diários se incluem). Devo observar, de qualquer modo, que a negociação não se desenvolveu por igual em relação a todos os diários; portanto, em alguns diários se notaram menos seus efeitos de reajuste que em outros: a pragmática relacional em que se apresentou o desenvolvimento dos diários e a distinta leitura que os próprios diários revelam de como os professores vêem-vivem o "escrever" o diário é um fator que condicionou a negociação. Nesse sentido, a fase de negociação foi plena em relação aos diários H, G, D e A. E eu mesmo me sinto menos satisfeito com a negociação seguida nos outros casos.
- Recolhi material de adequação referencial (o próprio diário é em si mesmo material de clara conexão referencial, porque é um documento escrito que subsiste e é suscetível de ser analisado e re-analisado a partir de si mesmo).
- Fiz comprovações entre os participantes, à medida que os próprios professores puderam ver as análises dos diários e mostrar seu acordo ou não com elas, e fazer quantas matizações desejassem.
- Foram recolhidas descrições minuciosas. Cada diário foi lido reiteradamente até ter sua linha geral captada (seu "espírito"). Depois, foi analisado tematicamente.
- Pratiquei a reflexão metodológica (este excessivamente volumoso informe é boa amostra disso).

Como costuma acontecer sempre, nunca se está certo de tudo quanto à validade e à confiabilidade plena de suas especificações. Estou convencido de que outra pessoa que lesse os diários poderia encontrar neles outros aspectos que me passaram despercebidos e poderia, igualmente, fazer um tratamento distinto dos conteúdos das narrações. Mas o contexto de incertezas em que o pesquisador aceita se situar faz parte da grandeza e da limitação das pesquisas qualitativas.

O DILEMA DA PRAGMÁTICA DA PESQUISA

Já observei, no início do trabalho, que este partia de um contexto de condições muito particular: o contexto acadêmico. Aceitava também que isso pudesse ter afetado o sentido dos dados, mas anunciava oferecer evidências de que os professores que se envolveram na pesquisa negaram que tais condicionamentos tivessem afetado a "veracidade" de suas contribuições. Vejamos algumas das considerações dos professores envolvidos:

1. Em relação à proposta de fazer o diário, dois professores (autores dos diários F e H):

    Estes são alguns dos pressupostos em que baseamos nossa aceitação da proposta de fazer diários de aula:

    > ...uma proposta inovadora, diante dos típicos trabalhos-dossiê teóricos, baseados na busca de bibliografia e no "requentado" correspondente;
    > ...supunha, sem grande consciência inicial de nossa parte, uma proposta de pesquisa didática a partir de uma perspectiva incomum: oferecer acontecimentos e interpretá-los;
    > ...aceitar o desafio de nos "desnudar" diante de nós mesmos, e, em princípio, diante do especialista: um gesto de coragem;
    > ...um possível meio de aperfeiçoamento de nosso trabalho, em um plano experimental. A proposta inicial consistia no "acompanhamento" mensal – comentários com o especialista – e de análise conjunta final;
    > ...oferecia-nos a possibilidade de comparar nosso "mapa" teórico – que não aparece definido explicitamente – com a realidade que observamos e de cujo desenvolvimento participamos;
    > ...o trabalho permitia, enfim, interagir teoria e prática, com possibilidades de enriquecimento em todos os níveis, servindo ao mesmo tempo como meio de comunicação entre a faculdade e a escola. De alguma maneira, achávamos que a situação era absolutamente propícia para ensaiar novas perspectivas de "colaboração".

    (Prof. Eduardo F. A. e Profª Mercedes G. M: *Notas sobre uma experiência com diários escolares de professores*, p. 2.)

2. Em relação ao próprio *fato de escrever o diário:*

    Um dos professores (Diário G) observa:

> Foi difícil, realmente um trabalho difícil, mas interessante. [...] É muito interessante porque é uma forma de ver o passado, digamos assim, com um caráter retroativo. Por exemplo, preferia ler um livro ou manual de trabalho, que é muito mais fácil [...]. Muitas vezes, na hora de escrever o diário, você se põe aí, por exemplo, "a aula tal como é", com tantos detalhes que se destacam (p. 2.).

3. Em relação à questão básica da validade das anotações:

   A questão que eu apresentava a eles sobre isso era absolutamente clara e concisa: "olha, o fato de ter de entregar o diário para alguém, nesse caso para mim, afetou você levando-o a contar as coisas de modo diferente, ou a contar umas coisas e outras não?". As respostas foram igualmente claras:

> Pelo contrário, eu acho que a principal intenção desse diário foi a de aproveitar a possibilidade de que alguém me fosse ler, fazer as coisas como realmente as fazia para que depois você ou quem quer que fosse ler me dissesse: "olha só, acho que isso está bem, isso está bem-estruturado, isso me parece mau, isso poderia ser melhorado". É isso. Essa é a minha verdadeira intenção. (Diário D, entrevista, p. 2.)

Outro dos professores foi menos claro:

> Serviu-me como reflexão para muitas coisas. Acho que era um diário interessante para todos os professores e inclusive para comentar, dizer: "olha isto, olha aquilo". Muitas vezes, me sentia violento escrevendo-o (*Por quê? – lhe perguntei.*) Sentia-me violento contando coisas. Por exemplo, se faço uma coisa e a digo, certamente dará a você a impressão de que estou fazendo propaganda da coisa, digamos assim, dizendo que a faça muito bem e, se faço mal, pois bem fiz mal e isso vai constar ali também, e a gente se chateia e pensa que isso também será dito; e depois você diz, olha, sinto muito, mas assim não dá (Diário G).

Outros professores observam sobre isso:

> Escrever objetivamente supõe às vezes a dor de se reconhecer como violento, autoritário... como improvisador, imprestável... Por outro lado, ajuda na reflexão, ajuda a reconhecer a necessidade de uma maior flexibilidade, de aceitar a enorme complexidade da função docente (Diários F e H: *Notas sobre uma experiência...* p. 8).
> Em muitas ocasiões, sentimentos de desorientação, insatisfação, inclusive depressão, provocam certa reação ante o fato de ter de "se reconhecer" nas páginas do diário. Não é fácil aceitar a contradição entre o que pensamos fazer, e o que realmente acontece, quando não é satisfatório... Às vezes o que queremos ou necessitamos é "esquecer o que aconteceu". O diário nos obriga a utilizar a razão, a nos controlar, e tentar escrever objetivamente sobre a experiência vivida ao longo do dia. No começo custa muito, depois chega a ser gratificante, e ajuda muito no autocontrole (Idem: *Notas sobre...* p. 6).

Enfim, minha sensação é que nesse sentido os diários, embora incidentalmente possam sofrer o peso do contexto acadêmico em que foram desenvolvidos, e do fato de que iam ser lidos por um professor, em seu conjunto registram amplamente e com veracidade a linha de pensamento de cada um dos professores que os escreveram.

4. Em relação à dinâmica relacional entre professor e pesquisador:

   Este foi para mim um ponto importante e é, na minha opinião, um ponto importante também na dinâmica dos processos de pesquisa. De todo o conjunto de instrumentos de que atualmente se dispõe na pesquisa didática, embora possa parecer paradoxal, talvez seja o diário aquele que menos força a intimidade dos professores e seu desamparo diante do pesquisador. É ele quem registra os dados, quem decide o que "entra" e o que não "entra", que momentos e episódios menciona ou não, que tipo de coisas diz ou não sobre si mesmo e sobre o aluno.
   Nesse sentido, gosto do diário que não força as situações, não além do que o próprio professor envolvido esteja disposto a forçá-las. Por isso, preferi não fazer solicitações; dessa maneira não haveria possibilidade de falar de bons e maus diários, nem sequer no sentido daqueles que cumpriam ou não cumpriam minhas solicitações.
   Por isso, dizia também que triangular o processo (incluindo gravações e observações diretas das aulas) melhora sem dúvida o discurso técnico (teremos maiores evidências quanto à validade e plausibilidade referencial das narrações), mas certamente se ressentirá o contexto pragmático relacional em que até agora fui me movendo com os professores.

Nesse sentido, esta é uma pesquisa estritamente esclarecedora (em contraposição à avaliativa, em qualquer uma das acepções que se tome o termo avaliação). Não pretendi julgar a validade nem a congruência nem a racionalidade dos discursos dos professores, mas apenas explicar (em seu sentido etimológico mais estrito, isto é, "desenrolar, desenvolver, desdobrar") o que o próprio diário continha. Acho que me situo na linha que Clark (1985) sugere para a pesquisa sobre o pensamento dos professores: deixar de ser "pesquisa" para passar a ser "desenvolvimento profissional" dos professores.

Da perspectiva que até agora focalizei a pesquisa, poderei entrar nas aulas para observar somente quando os próprios professores, em um determinado momento, achem que é conveniente para completar o trabalho com os diários. Serão eles que adotarão a decisão (se eu o fizesse, explícita ou implicitamente, estaria pretendendo comparar alguns dados com outros, quer dizer, submeter a controle a veracidade dos dados do diário e, com isso, entraria irremediavelmente em um contexto avaliativo).

O DILEMA DO INFORME: FORNECER DADOS OU CONVENCER

Não é que queira contrapô-los como contextos excludentes da pesquisa qualitativa. Mas em muitos momentos do processo da pesquisa se apresentam como dilema dicotômico para o pesquisador.

O informe qualitativo, como observou Erickson (1986, p. 145), deve exercer três funções básicas em relação ao leitor:

- dar a ele uma experiência vicária do evento;
- contemplar o conjunto dos dados;
- considerar a perspectiva teórica e pessoal do observador.

Penso que os três elementos estão "dignamente" salvos neste informe. Mas acontece que o diário apresenta um dilema específico em relação ao informe: destinado, em princípio, a servir de material de trabalho reflexivo para os próprios professores, é com freqüência inabordável da perspectiva dos "externos" à situação. No caso deste informe, estive me debatendo sistematicamente entre a necessidade de parcimônia de todo trabalho científico e a sensação de que se não incorporava mais texto dos diários era difícil que quem lesse este trabalho pudesse se dar conta do que o diário dizia ou deixava transparecer.

O esforço deste diário esteve oscilando, como é fácil para o leitor entender, entre a necessidade de fornecer dados e a necessidade de convencer (ambos propósitos relacionados, em todo caso, com a validade: Erickson, 1986). Dilema intrínseco a toda pesquisa qualitativa e talvez exacerbado desta vez pelas importantes particularidades da situação de que o convencimento tomava parte.

Com isso, tudo se quer indicar que é bem possível que em alguns momentos específicos da análise deveria ter incluído mais textos dos diários e que, em outros momentos, alguns desses textos são redundantes. Pode acontecer também que algumas das considerações que fui apresentando possam parecer sem justificação ou descontextualizadas.

É o problema que acabo de expor. Os diários funcionam otimamente quando se trata de trabalhar com os professores que são seus autores. Em poucas palavras, fica claro o que se quer dizer e com que dados e/ou textos do diário estão relacionados tais argumentos. Na hora de desenvolver o mesmo processo com uma audiência "estranha" ao processo de desenvolvimento e inclusive com difícil acesso aos textos originais dos diários o problema se agrava. Espero, de qualquer forma, ter conseguido, pelo menos em parte, vencer as condições de Erickson citadas anteriormente. Espero também que os leitores deste informe:

- possam ter uma idéia cabal da "perspectiva" de cada um dos professores-autores dos diários (experiência vicária);
- possam ter em suas mãos dados suficientes (quanto aos textos originais dos diários) para avaliar meus próprios comentários;

- possam considerar a perspectiva teórica a partir da qual se realizou o trabalho e a congruência de seu desenvolvimento desde a perspectiva desse referencial.

O DILEMA DAS CONCLUSÕES

Coloquei-me duas questões no início da pesquisa que teriam de orientar, como busca, o trabalho com diários. Tais questões são:

1. os diários são um instrumento útil para expressar e analisar qualitativamente os pensamentos dos professores?

   > Acho que a verdadeira utilidade do diário é o que disse no começo: sistematizar o que você fez, escrever sobre isso e depois voltar a ver, analisar, ler com calma, refletir um pouquinho sobre como você fez, para descobrir as possibilidades que tem de utilização disso que escreveu com vistas a outro ano, etc. (diário D: entrevista, p. 5).
   >
   > As insatisfações sentidas ao terminar o dia, em não poucas vezes, se diluem após a redação e a posterior leitura do diário. Sentimos a sensação de ter feito alguma coisa, de que a gente, pelo menos, se preocupou com que tudo saísse bem, que a gente pensou e atuou responsavelmente. O diário, nesse sentido, pode ser altamente gratificante (diários F e H: *Notas...* pág. 9).

   Da perspectiva mais estrita da pesquisa, acho que ficou claro que o diário permite penetrar na "visão" particular dos professores. Cada diário nos refere um tipo distinto de realidades e o refere de maneira distinta. Por meio dos diários, é possível extrair a "alma" do pensamento dos professores sobre suas aulas.
   Sirvam de evidência afirmativa em relação a essa conclusão as análises realizadas nos capítulos anteriores.
2. a segunda questão que havia me colocado era se por meio dos diários se poderia penetrar nos dilemas dos professores.
   Aqui, a conclusão é igualmente afirmativa, mas requer uma pequena consideração: penetrar num dilema e interpretá-lo implica mais contato com o professor que o que o proporcionado pelos textos do diário.
   A análise dos dilemas deixa bem claro de onde surge realmente a compreensão do dilema: é do manejo complementar dos textos do diário com as entrevistas dos professores e, inclusive, de discussões em profundidade com eles sobre os temas mais relevantes surgidos no diário.
   Sirva como evidência confirmatória deste segundo propósito a análise dos dilemas do professor H, nas páginas anteriores.

O DILEMA DA CONTINUIDADE

Penso que ficou claro que em nenhum momento tratei de atribuir possibilidades milagrosas ao instrumento diário. É o que é: uma narração subjetiva dos acontecimentos da aula realizada pelo próprio professor e justamente disso se derivam suas possibilidades e deficiências.

Em todo caso, está claro que metodologicamente tem relação com fases iniciais de pesquisa formal (Florio e Walsh, 1980; Wiseman e Aron, 1969) ou com processos longitudinais de pesquisa-ação. Em ambos os casos, trabalhar com diário supõe uma primeira fase que pode ser ampliada até projetos mais intensivos (Harré e De Waele, 1979).

CONCLUSÃO

Fazer o Próprio Diário, Por Quê?

Espero sinceramente que a leitura dos capítulos anteriores tenha levado, amigo/a leitor/a, a desejar escrever seu próprio diário e a viver pessoalmente a experiência de *contar* (o que você mesmo faz) e de *contar a si mesmo* (como duplo ator: o ator que realiza as coisas contadas e o ator que as conta). Experiência narrativa que posteriormente tornará possível uma nova experiência, a de *ler a si mesmo* com atitude benévola ou crítica, mas tendo a oportunidade de reconstruir o que foi a atividade desenvolvida e nossa forma pessoal de vivê-la.

Tanto escrever sobre o que fazemos como ler sobre o que fizemos nos permite alcançar uma certa distância da ação e ver as coisas e a nós mesmos em perspectiva. Estamos tão entranhados no cotidiano, nessa atividade frenética que nos impede de parar para pensar, para planejar, para revisar nossas ações e nossos sentimentos que o diário é uma espécie de oásis reflexivo. É como recuar nosso vídeo doméstico para ver as imagens em câmara lenta e, assim, poder revisar um pouco mais demoradamente essas cenas de nossa jornada que, na afobação constante da ação, nos passaram um pouco despercebidas, ou porque simplesmente as vivemos superficialmente.

Acta sunt verba volant (as ações permanecem, as palavras voam), costuma-se dizer. Mas não é certo. São as ações, em muitos casos, que voam. Quando estamos demasiado metidos nelas vão passando em velocidade vertiginosa e mal temos tempos de vivê-las plenamente. Claro que, dificilmente, alcançamos a consciência de suas particularidades. Uma jornada de trabalho em que enfrentamos muitas exigências (quase sempre de forma simultânea) passa em um piscar de olhos. As pegadas que deixa são muito fracas, com freqüência simples sensações de ter trabalhado muito, de ter tido uma jornada de tensão, ou simplesmente de ter sobrevivido. E, isso, no final do dia. Dali a pouco, tudo desaparece, e as lembranças e imagens que restam são demasiadamente vagas e imprecisas para conceder-lhe atenção.

As palavras, em troca, podem permanecer. Principalmente se estão escritas. Se fizermos esse pequeno esforço suplementar de usar alguns minutos no final do dia para reconstruí-lo e narrá-lo, as palavras do diário se tornam "reservatório" da experiência, em garantia de sua conservação. E poderemos voltar sobre elas quantas vezes queiramos para *relê-las e nos reler.*

Essa tarefa de reflexão se tornou, nos últimos anos, um ponto-chave de qualquer análise das competências profissionais. A atividade profissional sempre requer reflexão. Às vezes, se tenta medir a qualidade profissional pela mera contagem temporal (o tempo que se tem em um exercício profissional) ou pela quantidade de intervenções realizadas (número de horas de vôo do piloto, número de intervenções cirúrgicas ou de pacientes atendidos, etc.). No entanto tem-se a certeza de que a prática por si mesma não proporciona conhecimento nem qualidade profissional. Tanto a experiência cotidiana como numerosas pesquisas corroboram esse convencimento.

Motoristas velhos, com anos de experiência, continuam cometendo os mesmos erros (agora com maior risco, porque lhes faltam reflexos) que quando jovens. Foi comprovado, nos Estados Unidos, que os erros médicos cometidos por profissionais com muitos anos de experiência diferem pouco (em número e em características) dos cometidos pelos novos na profissão.

Podemos aplicar essa observação ao nosso próprio terreno: é claro que os professores e as professoras, seja qual for o nível a que pertençam, desde o maternal à universidade, não medem sua qualidade pelo número de anos de exercício profissional. Há magníficos professores ainda jovens e há outros, com muitos anos de idade e experiência, que continuam desenvolvendo uma atividade profissional deficiente.

Não é a prática por si mesma que gera conhecimento. No máximo, permite estabilizar e fixar certas rotinas. A boa prática, aquela que permite avançar para estágios cada vez mais elevados de desenvolvimento profissional, é a *prática reflexiva*. Quer dizer, necessita-se voltar atrás, revisar o que se fez, analisar os pontos fortes e fracos de nosso exercício profissional e progredir baseando-nos em reajustes permanentes. Sem olhar para trás, é impossível seguir em frente. Por isso, é tão importante a documentação.

É isso o que um diário pode proporcionar. À parte o prazer intrínseco de escrever (ao qual se acrescenta o fato de que se escreve sobre nós mesmos, que é sem dúvida nosso argumento mais apreciado), o diário constitui um processo pelo qual vai se acumulando informação sobre o dia-a-dia. Informação que será preciosa para podermos revisar todo o período narrado.

6 Quando convém Escrever o Diário?

Em princípio, não deveríamos nos preocupar muito em buscar motivos especiais para escrever um diário. Qualquer oportunidade pode ser boa para escrever. Já observei em um dos capítulos iniciais as possibilidades e vantagens que o escrever comporta. Trata-se de uma atividade humana muito gratificante. Infelizmente, para muitas pessoas se transformou em um sacrifício, tanto pela falta de técnica básica para fazê-lo como pela falta de tempo disponível. Sem dúvida, quem está nessa situação perde uma fonte imensa de experiências e de satisfações pessoais.

É preocupante que a dificuldade para escrever aconteça também entre os profissionais do ensino. Dizem que se escreve pouco nessa profissão. Cabe supor que, em nosso caso, não é por falta de técnica. Somos os que têm de ensinar os demais a escrever. É de se esperar que não é porque não temos nada a dizer, porque isso revelaria uma preocupante pobreza de espírito que é pouco compatível com a função docente. Talvez seja por falta de hábito. Ou por falta de motivação (escrever é sempre contar coisas e, às vezes, contar coisas sobre si mesmo). E, naturalmente, a falta de tempo tem muito a ver com isso. O trabalho intenso na escola, seguido do trabalho intenso em casa não é o melhor cenário para encontrar o momento adequado para sentar descansadamente e contar o que aconteceu nesse dia.

Seja como for, escrever (neste caso, escrever o diário) constitui, naturalmente, um esforço. Alguns professores comentaram que se trata de um grande esforço que, portanto, não pode se transformar em algo indefinido nem se prolongar demasiado no tempo. É uma experiência muito interessante e que dá muito jogo de cintura, desde que ocorra em ocasiões particulares e com um objetivo preciso.

Mas então, quando pode ser interessante escrever o diário?

Na minha opinião, o diário pode ser um instrumento de alto valor formativo (afinal, estamos sempre nos formando e tudo deve servir para isso), nas seguintes ocasiões:

- Quando queiramos ou necessitemos ter um certo distanciamento das coisas que estamos fazendo ou da situação que estamos vivendo.
  Escrever, como operação que supõe re-codificar a experiência narrada (expressar as coisas que vivemos ou as idéias que temos por meio de outro código, nesse caso o escrito), obriga a reconstruir o evento ou a sensação narrada. Para quem conta, é como dar um passo atrás para poder observar em perspectiva o que está narrando.
  Tal distanciamento permite um certo controle sobre a situação objeto da narração. "Acalme-se e conte-me o que aconteceu", costumamos dizer quando nos deparamos com alguém que viveu alguma forte experiência e ainda se acha afetado por ela. O próprio fato de contar fará com que a situação se reconstrua desde parâmetros menos emocionais e o sujeito possa controlá-la melhor. Se, em vez de lhe pedir que nos conte, pedimos que nos "escreva", estamos lhe solicitando um processo de reconstrução ainda mais laborioso, o que permite obter uma maior distância da coisa narrada e, com isso, um maior controle sobre ela.
  No ensino, em geral (mas também em outras profissões que implicam o trato com pessoas), há muito envolvimento. O pessoal e o profissional acabam se misturando ou, pelo menos, contaminando-se mutuamente. Com freqüência, necessitamos de um certo distanciamento de nossa própria atuação para vê-la em perspectiva e de uma forma mais consciente (mais controlada por nossa própria capacidade de ver as coisas). É a capacidade de "se distanciar" que costuma se solicitar aos atores para que saibam construir sua personagem de uma maneira mais adequada à realidade. São os atores que atuam, mas devem sair de si mesmos para ver sua atuação e reajustar os movimentos às experiências do papel que desempenham. O diário oferece essa oportunidade. Após um dia metidos de corpo e alma na ação e sem muito tempo nem energia para dar esse passo atrás e nos situarmos em posição de observadores de nós mesmos, nos detemos e olhamos para trás e reconstruímos o que foi nosso dia. Observamos a nós mesmos e contamos o que consideramos relevante de nossa intervenção.
  Essa reconstrução da jornada ou de alguns de seus momentos possui a qualidade do distanciamento em um duplo sentido: porque se trata de reconstruir algo que já passou e porque se trata de narrá-lo por escrito (transformo a experiência e as vivências em um tema narrativo, algo que eu construo mediante palavras). Nesse duplo sentido, o diário permite o distanciamento e é possível recuperar uma certa objetividade e controle sobre a situação narrada.

- Quando se participa em trabalhos que implicam um forte envolvimento pessoal.
  Como o diário constitui um meio de "expressão pessoal", quer dizer, uma forma de tirar para fora da gente o que se leva dentro (como uma dança, um desenho ou um gesto), é muito interessante nos momentos em que se precisa dispor de mecanismos que facilitem esse processo.
  O ensino é uma profissão com essas características. É certo que se pode exercê-la sem envolvimento demasiado e formalizando muito seu papel (dedicar-se a explicar as lições sem assumir compromissos mais pessoais com os alunos). Mas, em geral, não costuma ser assim. Realmente, a profissão de ensinar é muito vulnerável aos problemas de tipo psicológico e psiquiátrico justamente por causa desse forte envolvimento pessoal que faz com que nosso equilíbrio seja muito afetado pelo tipo de relação que mantemos com nossos alunos. E mais vulneráveis ainda são os alunos quanto mais forte e intenso se torna o envolvimento pessoal (trabalho com alunos com deficiências, com crianças muito pequenas, com sujeitos em condições de risco, etc.).
  Deveríamos dispor de momentos de supervisão e de apoio pessoal (como acontece com os psicanalistas que devem manter sua própria supervisão como sistema de ajuda para conservar o próprio equilíbrio). Mas não costuma ser freqüente. Por isso, em tais casos, os diários oferecem essa porta aberta à expressividade e ao autocontrole. É certo que continua faltando o recurso da supervisão externa (coisa que também pode se conseguir por meio do diário quando este é revisado e discutido com alguém que nos serve de ponto de referência externo), mas, mesmo assim, o diário nos permite "nos contar", pôr para fora os demônios que às vezes acumulamos e conseguir que vivências e sentimentos nem sempre controláveis passem a ser "narração", quer dizer, algo externo e construído por nós mesmos.
- Quando se quer aclarar um pouco o próprio estilo de trabalho.
  Toda técnica de documentação tem como objetivo essa idéia de desvendamento das próprias práticas. A documentação (seja gravada em áudio ou vídeo, seja escrita, seja colocada em algum tipo de produto realizado) fixa em um suporte a atividade analisada, conferindo-lhe objetividade e permanência. O que antes eram idéias, experiências, atividades, impressões, etc. (quer dizer, realidades nem sempre visíveis e de fácil acesso) se transformam, por meio da documentação, em realidades visíveis, acessíveis e que suportam a análise.
  Isso acontece também com o diário. No fluxo da narração, nós mesmos vamos recuperando imagens e lembranças que passaram despercebidas. E, ao incorporá-las ao texto escrito, vão completando o sentido das coisas que ali são contadas. Quando acabamos de escrever nossas impressões sobre o que aconteceu nesse dia, temos, com certeza, uma visão mais clara e completa de tal dia. E, como a narração se torna algo visível e permanente, podemos regressar a ela para revisá-la e analisá-la.

O diário nos oferece uma dupla perspectiva de nosso trabalho: uma perspectiva *sincrônica* e pontual (o que se conta em cada unidade narrativa, o que aconteceu nesse momento que cada parte do diário registra) e uma perspectiva *diacrônica* (a forma como vão evoluindo os fatos narrados e nossa própria experiência). Dessa maneira, as pessoas que escrevem o diário terão a oportunidade de poder conhecer melhor tanto o que vai acontecendo no dia-a-dia (ou em cada uma das unidades do diário: que atividades, que impressões, que problemas, que pessoas, etc.) quanto a forma como as coisas foram evoluindo ao longo de todo o período registrado no diário (como fazia as coisas no início e como evoluíram; quais os problemas que me preocupavam mais ao começar a escrever o diário e como foi mudando minha perspectiva sobre eles à medida que passava o tempo; como eu me sentia no começo da aventura de escrever o diário e como fui me sentindo à medida que o processo avançava...).

Enfim, o diário se torna um material extremamente valioso de *autoconhecimento*.

- Quando sentimos que estamos sendo muito pressionados e/ou acumulando muita tensão interna.

  Outra situação em que é muito oportuno escrever o diário é quando sentimos que estamos acumulando muita tensão pessoal. As razões podem ser muito diversas (desde problemas pessoais profissionais, desde situações muito específicas em períodos em que as coisas não estão indo bem, etc.), mas o resultado é similar: nos sentimos a ponto de estourar e nós mesmos nos damos conta de que nossas respostas e nossas reações são desproporcionais.

  O diário nos oferece um mecanismo de *catarse protegida*. Permite-nos abrir canais de saída para a tensão interna por meio da escrita. E como, ao escrever, reelaboramos racionalmente os conteúdos emocionais, isso nos permite ir controlando de maneira autônoma nosso próprio estado emocional. E, por outro lado, trata-se de uma atividade realizada em um contexto muito pessoal e autocontrolado. Ninguém tem por que ler o que escrevemos, nem o fato de contar o que nos acontece nos submete a um possível julgamento, ou crítica por parte dos demais, nem teremos por isso nossa imagem abalada. No fundo, contamos a nós mesmos, estabelecendo uma espécie de conversação terapêutica com nós mesmos.

  O diário não cura nem resolve os problemas, mas ajuda a controlá-los. O que nos está pressionando na esfera emocional (menos controlável) é recodificado pela escrita, tornando-se um material filtrado racionalmente (e, portanto, mais fácil de ser controlado e, inclusive, alterado). Se minha experiência serve de exemplo, posso observar que, por ocasião de um grave acidente de carro, passei um período terrível com parte da família hospitalizada. A angústia que sentia naqueles dias longuíssimos teria me levado à hospitalização para receber atenção psiquiátrica. Então me vali do diário, e o que não era capaz de contar aos demais pude escrever. Isso me serviu muitíssimo para atingir um certo equilíbrio pessoal e para evitar que a enorme pressão emocional do momento conseguisse se apropriar totalmente de mim. Escrevendo, tornei-me um pouco mais senhor da situação, pelo menos no que se referia a minhas próprias vivências.

- Quando se está participando de alguma pesquisa, de alguma avaliação ou de algum processo em que seja importante documentar os passos e a evolução das diversas dimensões do trabalho em curso (incluída nossa própria situação pessoal).
  Também nesses casos é importante escrever um diário como meio de documentar o processo que vai se seguindo. Principalmente naqueles casos em que o processo realizado tem um sentido formativo, e não apenas de simples pesquisa. Em tais casos (processos de pesquisa-ação, processos de avaliação com uma orientação formativa, processos de implantação de alguma inovação, etc.), é muito importante documentar o processo para se conhecer as dificuldades que vai se enfrentando, as proposições utilizadas, as reações que foram ocorrendo entre os diversos participantes, etc. E, do ponto de vista pessoal, interessa muito saber como nós mesmos fomos enfrentando o processo, por quais momentos bons e maus passamos e que tipo de impressões tivemos ao longo da atividade desenvolvida.

Enfim, como se pode ver, é interessante escrever o diário quando nos apeteça ou quando consideremos conveniente registrar dados ou impressões sobre nosso trabalho ou sobre os momentos que estamos vivendo com vistas a poder voltar sobre eles em outra hora e analisá-los com tranqüilidade (sozinhos ou acompanhados por alguém que nos ajude a construir uma imagem mais completa da situação a partir da narração). Todas as situações mencionadas são especialmente propícias para os diários. Em todos esses casos (e certamente em muitos mais que aqui não se mencionam, basta vermos no primeiro capítulo os diversos tipos de diários existentes e a distinta finalidade que cada um deles deve cumprir), os professores, ou qualquer outro profissional que se ache em situações semelhantes, pode se beneficiar tremendamente da potencialidade expressiva dos diários.

Nos contextos de formação, os *diários dos estudantes* são especialmente importantes (na minha opinião, são claramente necessários) quando estes devem enfrentar suas aprendizagens práticas ou outras situações em que se deparam com situações reais de aprendizagem profissional ou pessoal (estágio, intercâmbios internacionais, atuações em ONGs, tutoria para estudantes mais jovens, participação em sessões clínicas, participação em pesquisas, etc.). Nesses casos, o diário se torna um instrumento para poder racionalizar a experiência e tirar dela o máximo partido: por meio da narração, pode-se iluminar todo o processo seguido pelo estudante em formação, tanto no que se refere a suas atuações como no que se refere a sua vivências pessoais (suas expectativas, seus medos, suas satisfações, o tipo de atitude com que enfrenta a atividade, etc.). O diário também é muito importante para que os estudantes possam reconstruir seu estilo pessoal de trabalho: como organizam a jornada, como planejam o trabalho, que estratégias de estudo empregam, que tipo de atitudes desenvolvem em relação às disciplinas, ao curso, à universidade e a seus professores, etc.

COMO FAZER O DIÁRIO?

Os diários apresentam uma estrutura narrativa que é, por sua própria natureza, muito flexível. Em princípio, o diário pode ser escrito da maneira que mais agrade ao autor. O que acontece é que, variando as condições e a forma de fazer o diário, variam também suas possibilidades e suas possíveis contribuições. Dito de outra maneira, o diário servirá para uns propósitos ou outros conforme tenhamos abordado sua realização. Por isso, é importante seguir um certo padrão de condições que se acomodem bem à função que o diário pretende desenvolver em cada ocasião.

Poderíamos apontar, entre essas condições, as seguintes:

1. A *solicitação*.
   Trata-se da instrução que se dá a quem vai realizar o diário. No caso de o diário surgir por iniciativa própria, trata-se da orientação que desejamos dar à narração (o que contar e como ou de que perspectiva fazê-lo).
   Por exemplo, um diário pode responder a uma solicitação deste tipo: "Você têm de descrever no diário as atividades que vão desenvolvendo em aula, indicando seu conteúdo e sua duração". Parece óbvio que dessa solicitação nascerá um diário fundamentalmente descritivo e centrado sobre as atividades desenvolvidas.
   Um diário diferente seria aquele que, pelo contrário, respondesse à seguinte solicitação: "Tratem de contar não apenas o que acontece, mas também como vocês se sentem". Nesse caso, parece claro que está se abrindo a possibilidade de que os autores do diário contem não apenas o externo a eles como também o que sentem e pensam.
   Da mesma maneira, é possível estabelecer solicitações mais abertas ("Podem escrever no diário o que ocorrer a vocês, o que pareça importante em cada momento") ou mais fechadas ("Vamos tratar de registrar aquelas situações ou reações que ocorram em relação à experiência inovadora que estamos realizando"). A solicitação pode indicar, inclusive, as condições sob as quais se espera que se desenvolva o diário ("Procurem não misturar, na narrativa, o que são fatos objetivos e o que são avaliações ou sentimentos de vocês").
   Do meu ponto de vista, embora qualquer orientação seja válida, desde que coerente com a finalidade que se pretende atribuir ao diário, é mais

conveniente (por ter mais coerência com o próprio sentido dos diários, isso que os diferencia de outras técnicas de documentação) fazer solicitações o mais abertas possíveis, de modo que seja o próprio sujeito quem escolha o que e como contar. Dessa maneira, o diário se constrói de uma forma mais autônoma e pessoal (não se trata de dar resposta a uma exigência feita por outros). E isso permite incluir na análise o estilo de diário pelo qual cada pessoa optou: que coisas contou, como o fez e por que optou por fazer assim.

2. A *periodicidade*.

   Já observei, em outro ponto, que escrever o diário costuma ser uma tarefa custosa, em tempo e em esforço pessoal. Daí que a questão da periodicidade seja, com o tempo, uma questão relevante.

   Escrever o diário todos os dias pode ser excessivo como propósito e irrealizável na prática. Acho que seria suficiente umas duas vezes por semana.

   O critério geral aplicável à periodicidade deve se basear em dois ou três pontos importantes:

   - A *regularidade*, isto é, garantir a continuidade e uma certa sistematicidade nas anotações (não escrever um dia e esquecer o diário durante um tempo para voltar a deixá-lo depois).
   - A *representatividade* dos fatos narrados, isto é, que o diário seja um reflexo o mais fiel possível da realidade que se pretende contar. Não teria sentido escrever os diários umas duas vezes por semana e fazê-lo sempre às quintas-feiras e aos domingos (a não ser que nesses dias se contasse tudo o que aconteceu no período anterior). O interessante é que os dias registrados no diário se alternem de tal maneira que, no final, tenhamos uma exposição fidedigna e não-parcial dos diversos momentos pelos quais passou o processo.
   - Uma certa *continuidade* quanto à estrutura do diário (os conteúdos registrados, a forma de abordá-los, etc.). Se falta essa continuidade (se em um período falamos de umas coisas e em outro de outras, se em uma fase o fazemos mais descritivo e em outras mais reflexivo) perdemos a perspectiva de conjunto e não poderemos fazer uma leitura horizontal de cada um dos aspectos tratados.

3. A *quantidade*.

   Esse é outro aspecto que costuma assustar quem se inicia no trabalho com diários: "Quanto tenho de escrever por dia?". Na minha opinião, esta não é uma questão fundamental. A quantidade, se excetuamos que se escreva tão mal que não se possa extrair dali informação relevante, não é um problema.

   Normalmente, tendemos a escrever mais ou menos em função de nossa capacidade expressiva e de nossa facilidade para lidarmos com a escrita. Algumas pessoas tendem a ser especialmente sucintas em sua narração e, outras, a construir discursos complexos e amplos. Tam-

bém essa é uma característica individual que pode ser analisada por meio do diário.
O importante é garantir que haja informação suficiente para poder extrair dela a visão das coisas que o narrador quer refletir no texto.

4. O *conteúdo*.
O conteúdo do diário fica subordinado à solicitação que tenha sido feita ou à orientação que esteja funcionando. Se a solicitação é aberta, qualquer conteúdo pode aparecer no diário. Se a solicitação é fechada, os diários darão aquele tipo de informação que foi indicado (a menos que os autores do diários ultrapassem, consciente ou inconscientemente, a solicitação feita, coisa que costuma ser bastante comum).
Como o tipo de conteúdo que se incorpora ao diário faz parte relevante da visão que o sujeito oferece da situação narrada, entendo que não convém limitar ou predeterminar os conteúdos do diário, nem sequer por meio de sistemas de *censura* destinados a manter um tom ético ou estético do texto (por exemplo, proibindo palavrões ou expressões chocantes, insultos a ou desqualificações das pessoas, julgamentos pessoais sobre pessoas ou instituições, etc.). Como esse tipo de elementos constitui também expressão das vivências ou das expressões dos sujeitos, seu surgimento no diário pode permitir uma análise posterior dos mesmos, transformando-os em oportunidade de formação. Em todo caso, essa é uma decisão que deve ser adotada em função das circunstâncias particulares que rodeiam a realização dos diários.

5. A *duração*.
Isto é, o tempo durante o qual se deve escrever o diário. A duração não deve ser menor que o período ou o processo que se deseja cobrir com o diário. Mas parece óbvio que tampouco pode-se estar escrevendo o diário toda a vida (a não ser que a gente decida que sim). Por isso, convém limitar a duração do processo em função das características da atividade a ser documentada. De qualquer forma, o diário é um recurso que deve ser proposto a médio ou longo prazo. De outra maneira não é possível fazer uma análise diacrônica do que se registra no diário. Se decidimos que a principal peculiaridade dos diários é que nos permitem ter uma visão em perspectiva de como foram evoluindo as coisas e nós mesmos durante o período narrado, isso exige, obviamente, que tenhamos mantido o diário durante o dito período. Narrações mais pontuais (dias ou assuntos soltos) e de período muito curtos (uns dias, uma semana, etc.) nos permitirão fazer uma análise do que aconteceu nos diversos momentos narrados, mas não fazer uma leitura na horizontal e ver como foram evoluindo as coisas. Isso exige mais tempo.

COMO ANALISAR O DIÁRIO?

Bem, pensemos que já escrevemos nosso diário. Temos os cadernos de nossas anotações prontos para a primeira análise. Como poderíamos proceder?

Como se sabe, analisar os diários é uma atividade que pode ser feita nos mais variados níveis. Fazer uma pesquisa usando diários (cuja análise tem de ser submetida às mesmas condições técnicas que qualquer outro instrumento de pesquisa) é diferente de querer analisar o próprio diário na tentativa de se conhecer um pouco melhor.

Poderíamos, portanto, falar de diferentes níveis de complexidade na análise dos diários:

- *Nível básico:* a análise pode ser realizada pela pessoa mesma ou em companhia de algum colega. Não implica o emprego de dispositivos técnicos.
- *Nível médio:* requer um certo conhecimento das técnicas de análise de conteúdo, mas, com uma adequada preparação, os próprios autores do diário (sós ou em contato com seus supervisores ou com outros colegas) podem analisá-lo.
- *Nível complexo de análise:* requer conhecimentos avançados na análise de conteúdo e também no tipo de situações abordadas pelo diário (o ensino, o funcionamento das escolas, o conteúdo da pesquisa que se está documentando, etc.).

Visto dessa perspectiva, poderíamos observar que os diários são instrumentos manejáveis e que nos apresentam excessivas condições técnicas. Podem se extrair deles os seguintes tipos de informação:

1. Construir a impressão geral sobre o que o diário conta.
   (Nível *básico* de dificuldade.)

   A primeira aproximação aos conteúdos de um diário nos permite ter uma visão geral do que esse diário conta, da mesma maneira que, se lemos uma biografia, fazemos uma idéia da vida do sujeito "narrado". Essa visão geral pode aparecer com mais ou menos nuanças, depende do nosso particular nível de perspicácia.
   O que se espera, nesse primeiro nível de análise, é simplesmente uma leitura completa. Evita-se construir uma idéia desde as primeiras páginas em uma espécie de *antecipação prematura* dos conteúdos do diário.
   A primeira impressão pode nos levar a considerações genéricas sobre a realidade "contada" e sobre quem a conta: "nota-se que esta aula é muito dinâmica e inovadora, e que se dá muita autonomia às crianças"; "a pessoa que escreve o diário parece muito preocupada com a disciplina porque esse tema aparece constantemente e ela costuma apresentá-lo como algo problemático", etc.

2. Analisar os padrões ou as repetições.
   (Nível *básico* de dificuldade.)

   Um segundo nível de análise dos diários é o que nos permite constatar quais são os padrões ou as repetições registrados no diário: que tipo de coisas se repete até formar uma espécie de padrão geral da narração. Essas repetições podem se referir tanto à realidade narrada como à própria estrutura do diário:

   - Se os diversos eventos registrados no diário (o trabalho na seleção, as reuniões com os colegas, a programação da atividade, etc.) apresentam uma estrutura que se repete.
   - Se a forma de escrever o diário apresenta uma estrutura constante e que se mantém. Por exemplo, começar descrevendo o que se faz e passar, depois, a considerações mais pessoais sobre esses pontos; ou falar, primeiro, das atividades a desenvolver e, depois, das crianças; etc.

3. Identificar os pontos temáticos que vão aparecendo e fazer uma leitura transversal deles.
   (Nível *médio* de dificuldade.)

   A essência do diário começa a surgir nesse tipo de análise que nos permite identificar de que maneira o autor do diário nos apresenta a realidade. Podem ser analisados tanto os assuntos tratados como a evolução que tais temas tiveram ao longo do desenvolvimento do processo (sempre que se tenha escrito o diário durante todo esse período).
   A análise, nesse caso, já é mais complexa e se desenvolve seguindo os procedimentos habituais na análise de conteúdo:

   a) leitura completa de todo o texto (para se ter uma idéia geral de seus conteúdos);
   b) segunda leitura, em que vai se anotando à margem do texto o assunto ou o tópico que se trata nesse ponto (por exemplo: a escola, as crianças, a direção, atividades motoras, linguagem, disciplina, alimentação, colegas, etc.). E assim vai se fazendo, sobre o próprio documento do diário, uma lista dos assuntos que aparecem nele;
   c) nova leitura completa em função de cada um dos tópicos identificados. Agora, a leitura é seletiva e vamos recolhendo o que o diário diz de cada um dos assuntos que identificamos no ponto anterior: o que se diz sobre os colegas, sobre as atividades de língua, sobre as crianças, sobre o funcionamento da escola, etc.
   Os computadores (por meio de ferramentas simples como cortar e colar) permitem agrupar separadamente os conteúdos dos diversos tópicos, facilitando, assim, sua leitura conjunta e sua análise;
   d) análise sincrônica e diacrônica do conteúdo de cada um desses tópicos: o que se diz em cada um deles e como foi evoluindo o que

se dizia à medida que ia passando o tempo (à medida que se avança no diário);

e) por fim, devemos estar em condições de apresentar uma espécie de mapa dos tópicos presentes no diário, de seus conteúdos e de sua evolução ao longo do diário. Pode-se fazer uma análise quantitativa (que temas apareceram mais e menos, quais em umas circunstâncias e quais em outras) e qualitativa (que tipo de informação se oferecia de cada um deles, que idéias pareciam prevalecer ao tratar cada um dos assuntos, etc.). Naturalmente, também pode se mencionar os temas que não aparecem.

4. Analisar qualitativamente os elementos explícitos e implícitos da informação do diário.
(Nível *médio* de dificuldade.)

Os diários (como outros instrumentos em que se registram as percepções e as avaliações dos sujeitos como, por exemplo, a entrevista) nos oferecem a possibilidade de desenvolver análises mais agudas e profundas do conteúdo de suas contribuições. Também nesse caso devemos nos mover no âmbito das técnicas de análise de conteúdo. Refiro-me ao já tratado sobre este ponto no capítulo que trata da análise dos diários.
Um modelo simples de análise desse tipo de textos é o que nos permite categorizar o conteúdo dos diários em três tipos de níveis:

- As *descrições*.
  Certamente, muitas das informações que aparecem no diário são descrições de coisas ou de fatos. Permitem-nos reconstruir a parte mais objetiva (objetividade sempre relativa, pois não é senão a versão dos fatos que o autor do diário nos dá) dos eventos narrados: por exemplo, como é sua aula, que coisas fazem ali, como são as crianças, etc.
- As *avaliações positivas e negativas*.
  As avaliações que vão sendo feitas no diário costumam ser a expressão das opiniões e dos julgamentos de valor de quem escreve. Dessa maneira, podemos chegar a ter sua particular visão de cada um dos assuntos que aparecem no diário (pelo menos daqueles sobre os quais aparecem avaliações explícitas).
- Identificar as *idéias implícitas* que vão aparecendo ou sendo sugeridas no diário.
  Por meio dos textos do diário podemos nos aproximar também do que pensa seu autor sobre os diversos assuntos tratados. Em alguns casos, se tratam de idéias "teóricas" gerais (sobre a educação, sobre as crianças, sobre a escola, sobre a família, sobre si mesmo, etc.) e, em outros casos, de idéias "práticas" (como haveria de ser ou como haveria de se fazer aquilo que se está relatando).

Em alguns casos, as idéias aparecem de forma explícita ("Eu acho que...", "isso teria de ser organizado..."). Em outros casos, podem ser vistas pelo contexto das frases e das avaliações: por exemplo, se se está avaliando negativamente alguma coisa, cabe supor que a idéia de quem escreve iria na direção contrária.

5. Identificar *os dilemas profissionais ou pessoais* que aparecem no diário. (Nível *elevado* de dificuldade.)

   O maior potencial do diário se expressa na possibilidade de poder "iluminar" os dilemas profissionais e pessoais de quem o escreve. Nisso está sua capacidade formativa. Trata-se, no entanto, de uma tarefa complexa, que requer paciência e a habilidade de relacionar as diversas linhas de argumentação seguidas pelo autor de um diário.
   Em relação à natureza dos dilemas e sua estrutura, devo me remeter ao capítulo correspondente deste livro no qual eles são analisados detalhadamente. Em relação à forma de identificá-los em nosso próprio diário, ou no diário dos demais, temos de seguir a mesma estratégia aplicada para analisar os diários dos professores que aparecem no capítulo correspondente do livro.
   Poucas vezes os dilemas aparecem de uma forma direta e explícita nos diários. Geralmente, costumam jazer mascarados entre as descrições, avaliações e idéias que vão surgindo ao longo do diário. É necessário relacionar umas com as outras para ver quais são os eixos em torno dos quais se configuram os problemas básicos (pessoais ou profissionais) que essa pessoa enfrenta e como os vai encarando. Dessa maneira, o diário permite novamente fazer uma dupla leitura dos dilemas: identificá-los (saber quais são e sobre a base de que alternativas opostas se apresentam) e saber como foram evoluindo (tanto o dilema em si como as respostas que o sujeito foi lhe dando).

Dessa maneira, por meio da análise dos diários, podemos chegar a um rico e interessante material. Às vezes chama a atenção como, a partir das coisas simples e aparentemente simples que se encontram em um diário, pode-se obter uma informação rica e de grande utilidade no processo de autoconhecimento e formação.

Gostaria de concluir este epílogo tornando explícitas três importantes *condições para a análise dos diários*. Se você vai se sentir com ânimo para analisar seu próprio diário ou para colaborar na análise de diários de outras pessoas, deve levar em consideração estas três condições:

- Evitar as análises superficiais (tomando frases ou idéias de forma descontextualizadas) e evitar, igualmente, as análises meramente gramaticais dos textos. Em ambos os casos se corre o risco de introduzir uma espécie de censura antecipada. Os sujeitos reduzirão sua produção e sua liberdade expressiva por medo ao ridículo, ou por se sentirem inseguros se estarão escrevendo bem ou não. O que está em jogo, pelo menos neste caso, não é a qualidade da produção, mas sua riqueza expressiva.

Esse aspecto é especialmente importante quando se trabalha com diários em um contexto de ensino: estudantes que escrevem diários que depois serão analisados por seus professores.

- Proporcionar sempre textos que validem as apreciações feitas sobre o diário. Quando se observa que no diário se diz isto ou aquilo, quando se indica quais são as constantes básicas do diário ou quais os problemas e os dilemas que aparecem nele, a pessoa que analisa deve proporcionar textos nos quais apóia essa afirmação. Não todos os textos, obviamente, mas o suficiente para deixar claro que não se trata de algo que se inventou, e sim algo que realmente reflete a versão dada por quem escreve o diário.

  É freqüente ouvir quem dá uma entrevista a um jornalista dizer que o que aparece publicado não reflete sua opinião, que ele não disse isso. Como pode acontecer na análise do diário, que no final prevaleça a visão ou a leitura de quem analisa o diário, e não a de quem o escreveu. Para evitar isso, é que devem se proporcionar esses textos confirmatórios.
- Finalmente, nunca devemos esquecer a parte ética do trabalho com diários. Os diários são documentos pessoais que pertencem a quem os escreve. O uso que se pode fazer deles depende do "contrato implícito" sob o qual se tenha desenvolvido o processo. Não é ético utilizar textos de um diário realizado em um determinado contexto em contextos diferentes ou com intenções diversas das que condicionaram sua elaboração (por exemplo, publicando textos dos diários sem a permissão do autor, utilizando-o como modelo, positivo ou negativo, etc.). Nem é preciso dizer que, mesmo nos casos em que seu uso foi autorizado pelo autor, se deve sempre manter o anonimato.

Referências Bibliográficas

ACKOFF, R. The future of operations research is past. *Journal of Operational Research*, n.30, p.93-104, 1979.

ALLPORT, G. The use of personal documents in psychological science. *Social Science Research Council Bulletin*, New York, n.49, 1942.

ANDERSON, L. The environment of instruction: the function of seatwork in a commercially developep curriculum. In: DUFFY, G.; ROEHLER, L.; MASON, J. (ed.). *Comprehension instruction: perspectives and suggestions*. New York: Longman, 1984.

ANGUERA, M. T. Posibilidades de la metodología cualitativa vs. cuantitativa. *RIE*, v.3, n.6, p.127-144, 1986.

ARMSTRONG, M. *Closely observed children (The diary of a primary classroom)*. Londres: Writters and Readers & Chameleon, 1980.

BALAN, J. (comp.). *Las historias de vida en ciencias sociales: teoría y técnica*. México: Nueva Visión, 1974. p.84.

BATESON, G. *Verso un ecologia della mente*. Milán: Adelphi, 1976.

BAUCH, P.A. The impact of teachers' instructional beliefs on their teaching: implications for research and practice. Paper. *Annual Meeting of the AERA*. New Orleans, 1984.

BEN PERETZ, M. Kelly's theory of personal construcs as a paradigm for investigating teacher thinking. In: HALKES, R.; OLSON, J. (ed.). *Teacher thinking: a new perspective on persisting problems in education*. Lisse: Swets & Zeitlinger, 1984. p.103-111.

BEN-PERETZ, M.; KATZ, S.; SILBERSTEIN, M. Curriculum interpretation and its place in teacher education program. *Interchange*, v.13, n.4, p.47-55, 1982.

BEN-PERETZ, M.; KREMER-HAYON, L. Principals reflect on dilemas in their work. In: LOWYCK, J. (ed.). *Teacher thinking and profesional action* (proceedings of third ISATT Conference). Lovaina: Univ. of Leuven, 1986. p.117-131.

BEREITER, C. Development in writing. In: GREGG; STEINBERG (eds.). Cognitive processes in writing. New York: LEA, 1980.

BERK, L. Education in lives: biographic narrative in the study of educational outcomes. *Journal of Curriculum Theorizing*, v.2, n.2, p.88-155, 1980.

BERLAk, A.; BERLAK, H. *Dilemmas of schooling: teaching and social change*. Londres: Methuen, 1981.

BERLINER D.C. De predecir la eficacia docente a comprender a los profesores eficaces: cambios de dirección en la investigación de la enseñanza. In: VILLAR, L.M. (ed.). *Pensamientos de los profesores y toma de decisiones.* Sevilha: ICE/Universidad de Sevilha, 1986. p.250-284

BERTAUX, D. (ed.). *Biography and society.* Beverly Hills: Sage, 1981.

___ . L'approche biographique. Sa validité methologique, ses potencialités. *Cahiers Internationaux de Sociologie,* v. LXIX, 1980.

___ . L'Imagination methodologique. *Rev. International de Sociología,* v.44, n.3, p.265-276, 1986.

BLANCO, N.; GIL, P.; LAGARES, E.; ORDOÑEZ, F.J.; PÉREZ, A.; TEJERO, A. Escribir para comprender. *Cuadernos de Pedagogía,* n.305, p.58-61, set. 2001.

BLUMER, H. An appraisal of Thomas and Znaniecki's: the polish peasant in Europa and America. *Social Science Research Council,* New York, 1939.

BULLOUG, R.V.; GITLIN, A.D. Challengin teacher education as training: four propositions. *Journal of Education for Teaching,* v.20, n.1, p.67-81, 1994.

BURGESS, R.G. (ed.). *Field methods in the study of education.* Londres: Falmer Press, 1985.

___ . (ed.). *The research process in educational settings: ten case studies.* Londres: Falmer Press, 1984.

BUTT, R. L Arguments for using biography in understanding teacher thinking. In: HALKES, R.; OLSON, K. (eds.). *Teacher thinking: a new perspective on persisting problems in education.* Proceedings of the first symposium of the ISATT. Tilburg, 1983.

BUTT, R.L. et al. Bringin reform to life: teachers' stories and professional development. *Cambridge Journal of Education,* v.20, n.3, p.255-268, 1990.

CANDY, P.C. Personal constructs and personal peradigms: elaboration, modification and transformation. *Interchange,* v.13, n.4, p.56-59, 1982.

CARRILLO, I. Dibujar espacios de pensamiento y diálogo. *Cuadernos de Pedagogía,* n.305, p.50-55, 2001.

CLANDININ, J.D. *Classroom practice: teacher images in action.* Filadelfia: Falmer Press, 1985.

CLARK, Ch.M. Choice a model for research on teacher thinking. Paper (research series, n.20). Michigan: I. R. T. Michigan State Univ. East Lansing, 1978.

___ . Ten years of conceptual development in research on teacher thinking. Paper. *Conference ISATT.* Tilburg (Holanda), 1985.

CLARK, Ch.M.; PETERSON, P.L. Teachers' thought processes. In: WITTROCK, M.C. (ed.). *Handbook of research on teaching.* 3.ed. New York: McMillan, 1984.

CLARK, Ch.M.; YINGER, R. Teacher thinking. In: PETERSON, P.; WALBERG, H.J. (ed.). *Research on teaching concepts. Findings and implications.* Berkeley: McCutchan Pub. Corporation, 1979. p.231-263.

___ . The hidden wordl of teaching: implications or research on teacher planning. Paper (reserach series n.77). I. R. T. Michigan State Univ. Michigan. East Lansing, 1980.

COLL, C. *Marc curricular per a l'ensegyament obligatori.* Barcelona: Generalitat de Catalunya, 1986.

COLLINS, C. The pragmatic rationale for educational research in its phenomenological horizons. Paper. Annual Meeting of AERA, 1979.

CONELLY, M.; CLANDININ, D.J. Personal practical knowledge at Bay Street School: ritual, personal philosophy and image. In: HALKES, R.; OLSON, J. (eds.). *Teacher thinking. A new perspective on presisting problems in education.* Actas de la 1ª Conferencia del ISATT. Lisse: Swets & Zeitlinger, 1984. p.134-148.

CONNERS, R.D. An analysis of teacher thought processes, beliefs and principles during instruction. Canadá: Univ. Alberta, 1978. (Doctoral dissertation.)

CONTRERAS, J. ¿El pensamiento del profesor o el conocimiento del profesor?. Una crítica a los postulados de las investigaciones sobre el pensamiento del profesor y sus implicaciones para la formación del profesorado. *Revista de Educación,* n.277, p.5-28, 1985.

CROCKER, R.D. Los paradigmas funcionales de los profesores. *Rev. de Innovación e Investigación Educativa,* n.1, p.53-64, 1986.

DEL VILLAR, F. El diario del profesor. *Revista Investigación en la Escuela,* v.2, p.77-78, 1987.

___ . El diario de los profesores de educación física. Un instrumento de investigación y formación docente. *Revista Española de Educación Física y Deportes,* v.4, p.20-23, 1994.

DEWEY, J. *Democracy and education.* New York: Free Press, 1966.

DOLLARD, J. *Criteria for live History.* New Haven: Yale Univ. Press, 1965.

DOYLE, W. Learning the classroom environment: an ecological analysis. *Journal of Teacher Education,* v.28, n.6, p.51-55, 1977.

___ . Making managerial decisions in classroom. In: DUKE, D.L. (ed.). *Classroom management.* Chicago: Univ. of Chicago Press, 1979.

DREEBEN, R. *The nature of teaching: schools and the work of teachers.* Glenview: Scott Foresman, 1970.

DUFFY, G.C.; McINTYRE, L. A qualitative analysis of how various primary grade teachers employ the structured learning component of the direct instructional model where teaching reading. Paper (research series n.80) I. R. T. Michigan: Michigan State Univ./ East Lansing, 1980.

EISNER, E.W. The art and craft of teaching. *Educational Leadership,* jan. 1983.

ELBAZ, F. *Teacher thinking: a study of practical knowledge.* Londres: Crom Helm, 1983.

ELLIOT, J. Facilitating action research in schools: some dilemmas. In: BURGESS, R. G. (ed.). *Field methods in the study of education.* Londres: Falmer Press, 1985. p.235-262.

___ . Métodos y técnicas de investigación-acción en las escuelas. Documento presentado en el *Seminario de Formación de Docentes.* Málaga: MEC, 1-4 out. 1984.

ELSTEIN, A. S. et al. *Medical problems solving: an analysis of clinical reasoning.* Cambridge: Harvard Univ. Press, 1978.

EMIG, J. Writting as a mode of Learning. *College Composition and Communication,* n.28, p.122-128, 1977.

ENRIGHT, L. The diary of a classroom. In: NIXON, J. *A teachers' guide to action research.* Londres: Grant McIntyre, 1981. p.37-51.

ERICKSON, F. Qualitative methods in research on teaching. In: WITTROCK, M.C. (ed.). *Handbook of reserach on teaching.* 3.ed. New York: McMillan, 1986.

ERICKSON, F.; FLORIO, S.; BUSCHMAN, J. Fieldwork in educational research. Paper (ocassional paper n.36) I. R. T. East Lansing: Michigan State Univ., 1980.

ERICCSON, K. A.; SIMON, H.A. Verbal reports as data. *Psychological Review,* v.87, p.215-251, 1980.

FENSTERMACHER, G.D.; SOLTIS, J.F. *Approaches to teaching.* New York: Teachers College Press, 1986.

FERNANDEZ PEREZ, M. El residuo de indetermianción técnica en educación. *Rev. Española de Pedagogía,* v.115, p.275-295, 1971.

FERRAROTTI, F. Biography and the social sciences. *Social Research,* v.50, n.1, p.57-81, 1983 a.

___. *Histoire et histories de vie.* Paris: Librairie des Meridiens, 1983 b.

FLORIO, S.; WALSH, M. The teacher as coleague in classroom research. In: TRUEBA, H. et al. *Culture in the bilingualclassroom: studies in classroom ethnography.* Rowley: Newbury House, 1980.

FRANSELLA, F. Psicología de los constructos escolares e técnica de la rejilla. In: FRANSELLA, F. (coord.). *Personalidad.* Pirámide, 1985. p.171-216.

FREINET, C. *El diario escolar*. Barcelona: Laia, 1974.

GADAMER, H.G. *Wahrheit und methode: grundzuge einer philosophischen Hermeneutik.* Mohr. Tubinga, 1972.

GAGE, N.L. *Teaching as clinical information processing.* Washington: N. I. E., 1975.

GARDINER, D. *The anatomy of supervision*. Washington: Open University Press, 1989.

GIMENO, J. El profesor como investigador en el aula. Un paradigma de formación del profesorado. *Educación y Sociedad,* n.2, p.51-73, 1983.

GINSBURG, G.P. (ed.). *Emerging strategies in social psychological research.* Londres: Wiley, 1979.

GOERZ, C. *The interpretation of culture.* New York: Basic Books, 1973.

GONZALEZ, MA.T. *Innovación educativa. Pensamiento y reacción del profesorado: el caso de los programas renovados en el ciclo medio de la Región de Murcia*. Dpto. Didáctica. Univ. Murcia, 1985. (Tese de doutorado.)

GONZALEZ, M.T.; ESCUDERO, J.M. El pensamiento del profesor: un estudio de caso. *Revista de Innovación e Investigación Educativa,* ICE/Univ. de Murcia, n.1, p. 91-108, 1986.

GONZÁLEZ MONTEAGUDO, J. El enfoque biográfico en las investigaciones sobre los profesores. Una revisión de las líneas de trabajo más relevantes. *Aula Abierta,* n.68, p.63-85, dez. 1996.

GONZÁLEZ PRIETO, R. El diario como instrumento para la formación permanente del profesor de educación física. *Educación Física y Deportes*, v.9 , n.60, p.1-8, maio 2003. Revista Digital (www.efdeportes.com).

GOODSON, I.F. *Studying teachers lives*. New York: Teachers College/Columbia University Press, 1992.

GRUMET, M. Autobiography and reconceptualisation. *Journal of Curriculum Theorizing,* v.2, n.2, p.155-158, 1980.

GRUMET, M.R. Voice: the search for a feminist rethoric for educational studies. *Cambridge Journal of Education*, v.20, n.3, p.277-282, 1990

GUBA, E. Criterios de credibilidad en la investigación naturalista. In: GIMENO, J.; PÉREZ GÓMEZ, A. (Eds.). *La enseñanza: su teoría y su práctica.* Madrid: Akal, 1983. p.148-165.

GUBA, E.; LINCOLN, Y. *Effective evaluation.* São Francisco: Jossey Bass, 1982.

GÚRPIDE, C.; FALCÓ, N.; BERNARD, A. *El diario personal*. Villaba: Editora Pamiela, 2000.

HALKES, R.; OLSON, J.K. *Teacher thinking: a new perspective on persisting problems in education.* (Proceedings of the first symposium of the ISATT. Tilburg. Octubre 1983). Lisse: Swets & Zeitlinger, 1984.

HARRE, R.; DE WAELE, J.P. Autobiography as a psychological method. In: Ginsburg, G.P. (Ed.). *Emerging strategies in social psychological reserach.* Londres: Wiley, 1979.

HERNANDEZ, F. El relato biográfico en sociología. *Rev. Internacional de Sociología,* v.44, n.3, p.277-294, 1986.

HIRSCH, E.D. *Validity in interpretation.* New Haven, Connet: Yale Univ. Press, 1967.

HOLLY, M.L. *Writing to grow: keeping a personal-professional journal: Heineman.* New Hampshire: Portsmouth, 1989.

HOLMAN, E.L. The school ecosystem. In: FOSHAY, A.W. (ed.). *Considered action for curriculum improvement.* Alexandría: Ass. for Supervision and Curriculum Development, 1980.

HUBERMAN, A.M. Les phases de la carrière enseignante: un essai de description et de prévision. *Revue Française de Pedagogie*, n.86, p. 6-16, 1989.

___. Splendeurs, miséres et promesse de la recherche qualitative. *Education et Recherche*, v.3, p.233-249, 1981.

JACKSON, P.W. *La vida en las aulas.* Madrid: Marova, 1975 (orig. 1968).

___. *The practice of teaching.* Londres: Teachers College Press/Columbia Univ, 1986.

JACOBSON, R. *Ensayos de linguística aplicada.* Barcelona: Seix barral, 1975.

JAMES, W. The moral philosopher and the moral life. In: ROTH, J.K. *The moral philosophy of Williams James.* New York: Crowell Comp. , 1969.

JANESICK, V.J. *An ethnographic study of a teacher's classroom perspective: implications for curriculum.* Paper (research series, n.33). I. R. T. Michigan State Univ. East Lansing, 1978.

JOYCE, B. *Toward a theory of information processing in teaching.* Paper (research series, n.76). I. R. T. Michigan State Univ. East Lansing, 1980.

KELCHTERMANS, G. Teachers and their career story. A biographical perspective on professional development. In: DAY, C. et al. *Research on teacher thinking: understanding professional development.* Londres: Falmer Press, 1993. p.198-220.

KNOWLES, J.G. Models for understanding pre-service and beginning teachers' biographies: ilustration from case studies. In: GOODSON, I. F. (ed.). *Studying teachers lives.* New York: Techears College/Columbia University Press, 1992. p.99-152.

LAMPERT, M. Teaching about thinking and thinking about teaching. *Journal of Curriculum Studies,* v.16, n.1, 1984.

___. *Teachers' strategies for understanding and managing classroom dilemmas.* Paper. Tilburg (Holanda): Annual Meeting of ISATT, 1985.

LARSSON, S. Paradoxes in teaching. *Instructional Science,* v.12, p.355-365, 1983.

LATORRE, A. *El diario como instrumento de reflexión del profesor novel.* Actas del III Congreso de E. F. de Facultades de Educación y XIV de Escuelas Universitarias de Magisterio. Guadalajara: Ed. Ferloprint, 1996.

LE BOHEC, P. Les co-biographies dans la formation. *Documents de L'Educateur,* supl. n.8, maio 1985.

LEINHARDT, G.; GREENO, T. *The cognitive skill of teaching.* Paper. Annual Meeting of AERA. Montreal, 1984.

LORTIE, D.C. *Schoolteacher: a sociological study.* Chicago: Univ. of Chicago Press, 1975.

LOWYCK, J. Pensamiento del profesor: una contribución al análisis de la complejidad de la enseñanza. In: VILLAR ANGULO, L.M. (ed.). *Pensamientos de los profesores y toma de decisiones.* Servicio de Publicaciones de la Univ. de Sevilla, 1986.

LURIA, A.R.; YUDOVICH, F. *Speech and the development of mental processes in the child.* Baltimore: Penguin, 1971.

MARLAND, P.W. A study of teachers' interactive throughts. Canadá: Paper. Univ. de Alberta, 1977.

MARRERO ACOSTA, A.J. El pensamiento del profesor y la planificación de la enseñanza: estudio de casos sobre planificación del profesor. In: VILLAR ANGULO, L.M. (ed.). *Pensamientos de los profesores y toma de decisiones.* Sevilha: ICE/Univ. de Sevilha, 1986. p.462-476.

MARSAL, J.F. Historias de vida y ciencias sociales. In: BALAN, J. et al. *Las historias de vida en ciencias sociales.* Buenos Aires: Nueva Visión, 1974.

___ . *La crisis de la sociología norteamericana.* Barcelona: Península, 1977.

MARTÍNEZ BONAFÉ, J. Pensamiento del Profesor y Renovación Pedagógica. *Revista Investigación en la Escuela,* V.4, p.15-19, 1988.

MASLOW, A. *El Hombre Autorealizado.* Barcelona: Kairós, 1976.

MEDINA, J.L. El dirio del profesor, un reflejo del aula. *Cuadernos de Pedagogía,* n.305, p.67-70, set. 2001.

MERCADE, F. Metodología cualitativa e historias de vida. *Rev. Internacional de Sociología,* v.44, n.3, p.295-320, 1986.

MILES, M.B. Finding keys to school change: a 40 year Odyssey. In: HARGREAVES, A.; LIEBERMAN, A.; FULLAN, M.; HOPKINS, D. (eds.). *International hanbook of educational change.* Kluwer Academic Publischers, 1998.

MILES, M.B.; HUBERMAN, A.M. *Qualitative data analysis.* Londres: Sage/Beverly Hills, 1984.

MILLER, G.A.; GALLANTER, E.; PRIBRAM, K.H. *Plans and the structure of behavior.* New York: Holt, Rinehart e Winston, 1960.

MONTERO, L. *Alternativas de futuro para el perfeccionamiento y especialización del profesorado de EGB.* Dpto. Didáctica. Univ. Santiago de Compostela, 1985. (Tese de doutorado.)

MORIN, F. Pratiques anthropologiques et histoire de vie. *Cahiers Internationaux de Sociologie,* v.LXIX, p.313-341, 1980.

MUNBY, H. A qualitative approach to the study os a teacher's beliefs. *Journal of Research in Science Teaching,* v.21, n.1, p.27-38, 1984.

___ . The place of teachers' beliefs in research on teacher thinking and decision making, and an alternative methology. *Instructional Science,* v.11, n.3, p.201-225, 1982.

OBERG, A. *Construct theory as a framework for understanding actionr.* Paper. Annual Meeting AERA. New Orleans, 1984.

ODMAN, P.J. Hermeneutics. In: HUSEN, T.; POSTLETHWAITE, T.N. (ed.). *International encyclopedia of education.* Oxford: Pergamon Press, 1985.

OJA, S.N. Teachers: ages and the stages of adult development. In: HOLLY, M.L.; McLOUGHLIN, C.S. (eds.). *Perspectives on theacher professional development.* Londres: Falmer Press, 1988. p.259-283.

OLSON, J. La comprensión del cambio en las escuelas: una tarea educativa. *Revista de Innovación e Investigación Educativa,* ICE Univ. de Murcia, n.1, p. 45-51, abr. 1984.

___ . Teacher influence in the classroom: a context for understanding curriculum translation. *Instructional Science,* v.10, p.259-275, 1981.

PAJAK, E.; BLASÉ, J.J. The impact of techers' personal lives on professional rol enactment: a qualitative analysis. *American Educational Research Journal,* v.26, n.2, p. 283-310, 1989.

PALMER, R.E. *Hermeneutics: interpretation theory in Schleiermacher, Dilthey, Heidegger and Gadamer.* Evanston: Northwestern Univ. Press, 1969.

PAREYSON, L. *Veritá e interpretatione.* Milán: Feltrinelli, 1971.

PARRILLA, A. *El pensamiento educativo-didáctico del profesor sobre la integración: una investigación cualitativa.* Memoria de Licenciatura. Dpto. Didáctica Univ. Santiago, 1986.

PATTON, Q. *Qualitative evaluation methods.* Beverly Hills: Sage, 1980.

PEREZ GOMEZ, A. *El pensamiento del profesor: vínculo entre la teoría y la práctica.* Ponencia presentada en el Seminario de Innovación y Perfeccionamiento del profesorado. Madri: MEC, fev. 1984.

PETERSON, P.; CLARK, Ch.M. Teachers' reports of their cognitive activity during teaching. *American Educational research Journal,* v.15, p.555-565, 1978.

PINAR, W. Life history and educational experience. *Journal of Curriculum Theorizing,* v.2, n.2, p.59-212, 1980.

___ . Life history and Educational experience. *Journal of Curriculum Theorizing,* v.3, n.1, p.259-286, 1981.

PLUMMER, K. *Documents of life.* Londres: Allen and Udwin, 1983.

POPE, M.L. Personal construction of formal knowledge. *Interchange,* v.13, n.4, p.3-14, 1982.

POPE, M.L.; SCOTT, E.M. Teachers' epistemology and practice. In: HALKES, R.; OLSON, J. (ed.). *Teacher thinking: a new perspective on persisting problems in education.* Lisse: Swets & Zeitlinger, 1984, p.112-122,.

PORLÁN, R. El maestro como investigador en el aula. Investigar para conocer, conocer para enseñar. *Revista Investigación en la Escuela,* v.1, p. 63-69, 1987.

PORLÁN, R.; MARTÍN, J. *El diario del profesor.* Sevilla: Ed. Diada, 1991.

PUTMAN, R.T.; LEINHARDT, G. *Curriculum scripts and the adjustment of content in lesson.* São Francisco: Paper. Annual Meeting of AERA, 1986.

BORGHI, N.; BONDIOLI, A. In: ZABALZA, M.A. (ed.). *Observación y evaluación en educación infantil.* Madrid: Narcea, no prelo.

REVENGA, A. Práctica de reflexión y autoformación. *Cuadernos de Pedagogía,* n.305, p.71-75, set. 2001.

RICOEUR, P. The model of the text: meaningful action considered as a text. *Sociological Research,* v.38, p.529-562, 1971.

SALOMON, G. *Communication and education.* Londres: Sage, 1981.

SANDERS, D.B.; McCutcheon, G. *On the evolution of teachers' theories of action through action research.* Paper. Dptment. of Educational policy and leadership. Ohio State Univ., 1984.

SARABIA, B. Historias de vida. *Revista Esp. de Investigaciones Sociológicas,* n.29, p.165-186, 1985.

SCHEFFLER, I. *El Lenguaje de la educación.* Buenos Aires: El Ateneo, 1970.

SCHON, D.A. *The reflective practicioner: how proffesionals think in action.* New York: Basic Books, 1983.

SCHRODER, H. *Comunicazione, informazione, istruzione.* Roma: Armando, 1979.

SCRIBNER, S. Knowledge at work. *Anthropology and Education Quarterly,* v.16, p.199-206, 1985.

SHAVELSON, R.J. Teacher's decision making. In: GAGE, N.L. (ed.). *The psychology of teaching methods.* Chicago: Univ. Chicago Press, 1976.

___ . Toma de decisión interactiva: algunas reflexiones sobre los procesos cognitivos de los profesores. In: VILLAR ANGULO (ed.). *Pensamientos de los profesores y toma de decisiones.* Sevilha: Serv. de Publicaciones de la Univ. de Sevilla, 1986. p.164-184.

SHAVELSON, R.; STERN, P. Investigacion sobre el pensamiento pedagógico del profesor, sus juicios, decisiones y conducta. In: GIMENO, J.; PÉREZ GÓMEZ, A. (ed.). *La enseñanza: su teoría y su práctica.* Madri: Akal, 1983. p.372-418.

SHROYER, J. *Critical moments in the teaching of mathematics.* Paper. Toronto: Annual Meeting of AERA, 1977.

SHULMAN, L.S. Teaching as clinical information processing: panel 6 report. In: GAGE, N. (ed.). *NIE Conference on Studies in Teaching.* Washington: NIE, 1975.

___ . Autonomy and obligation: the remote control of teching. In: SHULMAN, L. S.; SYKES, G. (eds.). *Handbook of teaching and policy.* New York: Longman, 1983. p.484-504.

SIMON, H.A. *The science of the artificial.* Cambridge: MIT Press, 1981.

SMITH, L.M. et al. *Educational innovators: then and now.* Londres: Flamer Press, 1986.

STENHOUSE, L. *Investigación y desarrollo del currículum.* Madrid: Morata, 1984.

SZCEPANSKI, J. El método biográfico. *Papers. Rev. de Sociología,* v.10, p.231-259, 1978.

THOMAS, W.I.; ZNANIECKI, F. *The polish peasant in Europe and America.* Boston: R.G. Badger, 1918-20.

TITONE, R. *El Lenguaje en la interacción didáctica.* Madrid: Narcea, 1986.

TORRES, J. El diario escolar. *Revista Cuadernos de Pedagogía,* v.142, p.52-55, 1986.

TRANKELL, A. *Reliability of evidence: methods for analyzing and assessing witness statements.* Stockhoml: Beckman, 1972.

VAN MANEN, M.J. An exploration of alternative research orientations in social education. *Theory and Research in Social Education,* v.3, n.1, p.1-28, 1975.

VEENMAN, S. Perceived problems of beginning teachers. *Rev. of Educational Research,* v.52, n.2, p.143-177, 1984.

VILLAR ANGULO, L.M. (ed.). *Pensamientos de los profesores y toma de decisiones.* Sevilha: ICE/Univ. de Sevilha, 1986.

VYGOTSKY, L.S. *Thought and language.* Cambridge: MIT Press, 1962. (Tradução castelhana: *Pensamiento y lenguaje.* Buenos Aires: Pléyade, 1974).

WATZLAWICK, P. et al. *Teoría de la comunicación humana.* Barcelona: Herder, 1981.

WINTER, R. Dilemma analysis: a contribution to methodology for action research. *Cambridge Journal of Education,* v.12, n.3, 1982.

WISEMAN; ARON. *Field projects for sociology students.* Schenkman Pub. Mass., 1969.

WITTROCK, M.C. (ed.). *Handbook of reserach on teaching.* 3.ed. New York: McMillan, 1986.

YINGER, R.J. *A study of teacher planning: description and theory development using ethnographic and information processing methods.* Michigan: Michigan State Univ., 1977. (Doctoral diss.)

___ . Investigación sobre conocimiento y pensamiento de los profesores. hacia una concepción de la actividad profesional. In: VILLAR ANGULO, L.M. (ed.). *Pensamientos de los profesores y toma de decisiones.* Sevilha: ICE/Univ. de Sevilha, 1986. p.113-141.

YINGER, R.J.; CLARK, C.M. El uso de documentos personales en el estudio del pensamiento del profesor. In: VILLAR ANGULO, L.M. (dir.). *Conocimientos, creencias y teorías de los profesores.* Madrid: Alcoy, 1988. p.175-195.

___ . *Reflective journal writing: theory and practice.* Paper. (Occasional Serie n.50) Michigan: I.R.T. Michigan State Univ. East Lansing, 1981.

___ . Using personal documents to study teacher thinking. Paper (Occasional serie n.84) Michigan: I.R.T. Michigan State Univ. East Lansing, 1985.

YOUNG, R. A Study of teachers epistemologies. *Australian Journal of Education,* v.25, n.2, p.194-208, 1981.

YOUNG, R.E. Teachers' epistemologies. In: HUSEN, T.; POSTLETHWAITE, T.N. (ed.). *International encyclopedia of education.* Londres: Pergamon Press, 1985. p.5048-5051.

ZABALZA, M.A. *Didáctica de la educación infantil.* Madrid: Narcea, 1987.

___ . El paradigma del pensamiento del profesor y sus aplicaciones a la formación y desarrollo profesional del profesorado. Paper. First International Meeting on Psychological Teacher Education, Braga maio 1986.

___ . *Los Diarios de clase. Documento para estudiar cualitativamente los dilemas prácticos de los profesores.* Barcelona: Ed. PPU, 1993.

___ . Pensamiento del profesor y desarrollo didáctico. *Emseñanza,* n.4-5, p.109-138, 1988

ZADRO, A. Interpretazione. In: FLORES D'ARCAIS, G. (ed.). *Nuovo dizionario di pedagogia.* Edizione Paoline, 1982. p.624-631.